高职高专汽车专业系列教材

汽车新技术
新配置与应用

主　编　秦志刚
副主编　张耿党　贺　雄

二维码总目录

机械工业出版社

《汽车新技术新配置与应用》编者长期从事汽车维修和职业教育工作，一线工作经验丰富，善于将复杂的理论技术科普化，并能结合实际，阐述应用特点、常见故障与诊断分析思路。本书内容包括发动机、底盘、驾驶辅助系统、车身电气、信息娱乐系统和车载网络、新能源汽车与智能网联汽车六大部分。本书配有二维码，扫描可看微课视频。

本书针对当前汽车主流车型配置的新技术、新功能，简述其结构组成、工作原理、控制策略、故障诊断分析及经典案例。

本书可作为高等职业院校汽车检测与维修、汽车服务与营销等专业教学用书，也可作为高级工及汽修技师培训用书。

本书配备教学课件，选用本书作为教材的教师可在机械工业出版社教育服务网（www.cmpedu.com）注册后免费下载；或添加客服人员微信获取（微信号码：13070116286）。

图书在版编目（CIP）数据

汽车新技术新配置与应用/秦志刚主编. —北京：机械工业出版社，2018.8（2024.8重印）

高职高专汽车专业系列教材

ISBN 978-7-111-60643-7

Ⅰ.①汽⋯　Ⅱ.①秦⋯　Ⅲ.①汽车工程－新技术应用－高等职业教育－教材　Ⅳ.①U46－39

中国版本图书馆 CIP 数据核字（2018）第 183299 号

机械工业出版社（北京市百万庄大街22号　邮政编码100037）
策划编辑：齐福江　责任编辑：齐福江
责任校对：张　薇　封面设计：陈　沛
责任印制：邓　博
北京盛通数码印刷有限公司印刷
2024年8月第1版第12次印刷
184mm×260mm · 13.75印张 · 335千字
标准书号：ISBN 978-7-111-60643-7
定价：45.00元

电话服务　　　　　　　　　网络服务
客服电话：010-88361066　　机　工　官　网：www.cmpbook.com
　　　　　010-88379833　　机　工　官　博：weibo.com/cmp1952
　　　　　010-68326294　　金　书　网：www.golden-book.com
封底无防伪标均为盗版　　机工教育服务网：www.cmpedu.com

前言

随着我国经济连续多年的快速增长，人民的生活水平逐渐提高，轿车作为家庭的代步工具已经非常普遍，自 2009 年以来我国汽车产销量已连续九年居世界第一。同时，现代汽车已由传统的机电产品发展为高新技术产品，电子技术、电控技术、网络技术、人工智能等在现代汽车上已广泛应用，但汽车的专业书籍普遍在新技术内容明显滞后于汽车工业发展 3 ~ 4 年，甚至更多。很多汽车职业院校毕业生和一线维修人员在接触到新技术及相关故障时无从下手，所以从事汽车后市场的相关人员或准备进入汽车后市场的人员应及早学习掌握当今主流车型的新技术相关知识。

本书编者长期从事汽车维修工作和汽车职业教育工作，一线工作经验丰富，非常注重汽车故障诊断维修技术的学习思考与研究，善于理论结合实际，将专业知识结合实际案例进行分析总结。

本书共分为六章，内容包括发动机新技术、底盘新技术、驾驶辅助系统新技术、车身电气新技术、信息娱乐系统与车载网络，并针对汽车未来发展方向，即低碳化和智能化也进行了介绍。本书第二、六章由秦志刚编写，第一章由张耿党编写，第三章由陈戴涛编写，第四章由宋利芬编写，第五章由顾小冬、贺雄编写。

由于编者水平有限，书中难免存在不足之处，恳请广大读者批评指正。

编　者

目录

前　言

第一章　发动机新技术 ·· 1

第一节　进气系统新技术 ·· 1
一、进气增压系统 ·· 1
二、可变进气歧管 ·· 9
三、可变气门正时系统与可变气门升程 ·························· 11

第二节　燃油供给系统新技术 ·· 16
一、缸内直喷技术 ·· 17
二、燃油双喷射系统 ··· 20

第三节　润滑系统新技术 ·· 22
一、移动齿轮式可调机油泵 ··· 22
二、容积可调式叶片机油泵 ··· 25

第四节　冷却系统新技术 ·· 28
一、温度管理系统 ·· 28
二、发动机起/停功能 ··· 33

第五节　车载诊断系统 ··· 35

第六节　柴油机高压共轨喷射系统 ··································· 41

复习题 ··· 52

第二章　底盘新技术 ·· 54

第一节　传动系统新技术 ·· 54
一、自动变速器（AT） ··· 54
二、无级变速器（CVT） ·· 56
三、双离合器变速器（DSG） ····································· 60

第二节　行驶系统新技术 ·· 65
一、电控悬架系统 ·· 65
二、轮胎智能监视系统 ··· 70

第三节　电控助力转向系统新技术 ··································· 72
一、电控液压助力转向 ··· 72
二、电动助力转向 ·· 74
三、主动式转向 ··· 77

复习题 ··· 80

第三章 驾驶辅助系统新技术 …… 82

第一节 巡航系统 …… 82
一、定速巡航系统（CCS） …… 82
二、自适应巡航控制系统 …… 83
三、第二代自适应巡航控制系统 …… 84
四、基于自适应巡航的其他驾驶辅助系统 …… 86
五、自适应巡航控制系统常见故障现象与诊断分析 …… 89

第二节 自动泊车与车道保持系统 …… 90
一、自动泊车辅助系统 …… 90
二、车道保持辅助系统 …… 96

第三节 夜视系统与平视系统 …… 101
一、夜视系统 …… 101
二、平视显示系统 …… 105

第四节 换道辅助系统 …… 109

复习题 …… 114

第四章 车身电气新技术 …… 116

第一节 车身电子稳定系统 …… 116
第二节 自动空调系统 …… 119
第三节 防盗止动系统与车内监控 …… 127
一、防盗止动系统 …… 127
二、车内监控 …… 139

第四节 被动安全系统 …… 141

第五节 灯光照明系统新技术 …… 148
一、自适应前照灯 …… 148
二、可变照明距离前照灯 …… 152
三、矩阵 LED 前照灯 …… 154

复习题 …… 160

第五章 信息娱乐系统与车载网络 …… 162

第一节 光纤通信系统 …… 162
第二节 导航系统 …… 169
第三节 车载天线与无线电相关知识 …… 172
一、车载天线系统 …… 172
二、无线电相关知识 …… 174

第四节 视频播放源与车载电话系统 …… 175
一、视频播放信号传输系统 …… 176

二、车载电话系统……………………………………………………………… 177
第五节　音响系统……………………………………………………………………… 179
第六节　车载网络系统………………………………………………………………… 181
　　一、CAN 总线…………………………………………………………………… 182
　　二、LIN 总线…………………………………………………………………… 188
　　三、FlexRay 总线……………………………………………………………… 191
复习题…………………………………………………………………………………… 195

第六章　新能源汽车与智能网联汽车 …………………………………………… 197

第一节　新能源汽车…………………………………………………………………… 197
　　一、混合动力汽车……………………………………………………………… 197
　　二、纯电动汽车………………………………………………………………… 202
　　三、燃料电池汽车……………………………………………………………… 205
　　四、高压电系统检修注意事项………………………………………………… 208
第二节　智能网联汽车简介…………………………………………………………… 209
复习题…………………………………………………………………………………… 213

第一章 发动机新技术

第一节 进气系统新技术

在发动机排量不变的情况下,发动机充气系数越高,动力就越强劲。为了增大充气系数,发动机配置了不同的进气增压系统:机械增压利用发动机传动带驱动增压系统,其特点是低速增压效果明显;废气涡轮增压系统低速时略有迟滞,高速时增压效果明显。除了采用增压器增加充气系数,还有许多车型配置了长短可变进气道和可变配气正时调节机构来调节进气量。可变进气歧管长度切换阀在发动机低速运转时采用长进气道形成惯性进气增压,同时由于两个进气道开闭的角度不同,可以使进入气缸的气流形成涡流和滚流,有利于形成均匀混合气;在发动机高速运转时走短进气道,通过减小进气时间和增大进气截面积达到高速时增大充气系数的目的。可变配气正时系统不仅可以根据发动机负荷变化改变气门开启、关闭时间,有些还控制开启量,以精确地控制充气系数。和其他单独改善充气系数的装置不同,它还可以在发动机高速运转时调节进排气门重叠角,进一步提高发动机的动力性并且降低 NO 的排放量。另外,一些汽车发烧友为了增大自然吸气发动机的动力性,在空气滤清器进气口处安装风坝(风斗),以增大发动机充气系数。

一、进气增压系统

进气增压系统有两种:废气涡轮增压系统和机械增压系统。两种系统各有优缺点,但它们的功用却是一致的:都是通过增加单位时间内发动机的进气量(充气效率),来达到提升功率和转矩的目的。下面详细叙述两种增压系统的结构原理与常见故障分析。

1. 废气涡轮增压系统

(1)结构组成

该装置由两个同轴叶轮组成,这样可以保证两个叶轮旋转速度相同。但每个叶轮又相对独立地在各自的轮室内运行。第一个轮名为涡轮,从发动机排出的废气推动涡轮的叶片转动,最高转速可达120000r/min;另一个轮名为"叶轮",也按同样的原理转动,同时将吸入的外界空气加压传送至气缸,从而使空气充满气缸(图1-1)。

(2)工作原理

涡轮直接固定在排气管上,以便充分运用废气的能量。热的废气推动涡轮转动、叶轮吸气。叶轮吸入的气体经过加压并通过一个通道流向中冷器;在中冷器中压缩气体温度降低,密度增加。气体流出中冷器进入蝶形阀(图1-2)。

电控涡轮增压控制系统中的压力控制电磁阀根据空气流量传感器和发动机转速传感器的信号,负责控制进入燃烧室的增压空气量。

增压压力传感器和进气温度传感器的作用是检测实际增压压力,并做为增压压力控制的

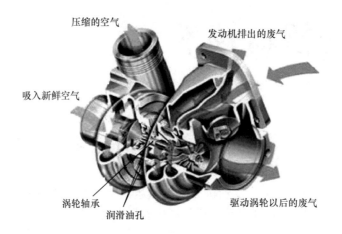

图1-1 涡轮增压示意图

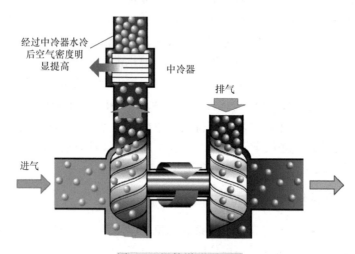

图1-2 涡轮增压原理图

主要参数信号。

涡轮增压器通过对吸入的空气进行压缩、冷却,以增大气体密度,使自然吸气进气行程终了缸内压力由60~80kPa增加到涡轮增压的120~130kPa,从而增加了发动机每个进气行程进入燃烧室的空气量,并同步增加循环供油量,提高了发动机升功率和升转矩,从而达到了提高燃烧效率和整机使用经济性的目的。

1)为避免减速时或发动机怠速时涡轮转速降低,在其靠近叶轮一侧装有一个歧阀。该阀门在进气真空压力的作用下,打开通向循环通道的气路,从该阀进入的空气可以在一定条件下(气门闭合,真空压力大)进行循环。这个系统可以使涡轮自由转动,无须产生压力。这种空气运动有助于叶轮保持高速运转,并保证对驾驶人再次提速做出最快的反应。此时,歧阀关闭,所有的压缩空气都被送入发动机(图1-3)。

2)随着涡轮机功率增加,增压压力也相应加大。为不影响发动机的使用寿命,应限制增压压力。增压调节装置承担了这一工作。减速空气循环控制装置在气门猛然关闭时,可以避免涡轮机叶轮进行不必要的制动(图1-4)。

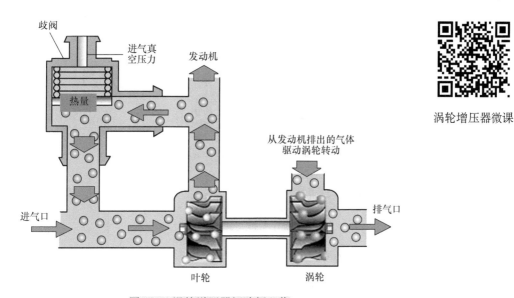

图1-3 涡轮增压器短路阀工作

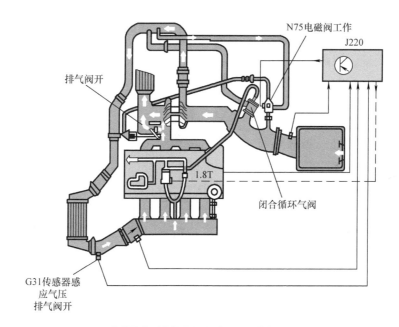

图1-4 增压压力限制阀打开状态

① 节气门处于打开状态，车辆正常行驶（图1-5）。
② 节气门关闭，车辆处于减速滑行状态（图1-6）。
(3) 使用及注意事项

1) 因涡轮增压器工作在温度高和转速高（涡轮转速可以达到14000r/min）的恶劣条件下，其润滑和散热的好坏直接影响涡轮增压器的使用寿命，所以建议涡轮增压发动机使用全合成机油；同时为了保障其正常的润滑和工作温度，在汽车发动机起动后不要立即急踩加速踏板。

2) 发动机刚起动后要有一个暖机过程，根据环境温度建议在1~3min，使机油温度升

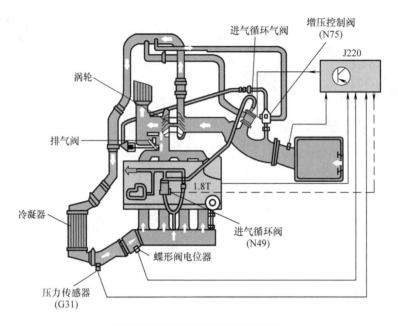

图 1-5 涡轮增压器正常工作状态

高、流动性能变好，使涡轮增压器得到及时的润滑。

3）高速行驶后对于装有涡轮增压器的发动机一定要怠速运转几分钟，以便涡轮增压器进一步散热和润滑。

（4）涡轮增压器常见故障分析

1）增压压力不足。

故障现象：发动机加速无力并伴有发动机电子稳定系统（EPC）灯点亮。

可能原因：

- 涡轮增压循环空气阀故障。
- 涡轮增压器与进气歧管之间存在漏气。

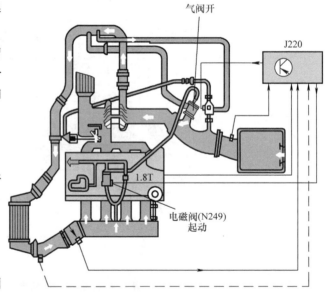

图 1-6 涡轮增压器短路阀工作状态

- 增压压力限制电磁阀软管故障。
- 增压压力限制电磁阀故障。
- 增压压力调节真空马达或驱动机构存在故障。
- 增压压力旁通阀存在泄漏。
- 增压压力传感器损坏。
- 进排气存在堵塞现象。

2）增压压力过高。

故障现象：EPC 灯亮，发动机加速受限。

可能原因：
- 增压压力限制电磁阀故障。
- 增压压力限制电磁阀软管故障。
- 增压压力旁通阀卡滞。

（5）典型案例

车型及配置：一辆奥迪 A6L 装配 2.0T 涡轮增压发动机。

故障现象：当车速达到 80km/h 以上，急加速时车辆出现明显的耸车并伴有发动机"呼呼"异响。

诊断排除过程：

读取故障码。存在故障码"P029900 增压压力控制没有达到控制极限主动/静态"（图 1-7）。

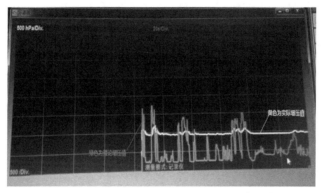

图 1-7 增压压力故障波形

增压压力实际值与规定值相差超过 2kPa。根据提示首先检查了进排气系统是否堵塞，检查发现没有堵塞现象；接着检查了增压器管路是否存在漏气现象，检查也正常；试换增压压力传感器 G31，故障没有改善；用手动真空泵（两用型）检查真空压力限制调节真空马达能够正常动作；检查循环空气阀 N249，动作正常，密封良好；对比增压压力限制阀 N75，发现在不通电时和正常车功能没有差别；试换涡轮增压器总成，故障排除。

检查增压器机械方面并没有故障，替换增压压力限制电磁阀 N75 后故障排除（图 1-8 为正常增压压力）。

N75 的控制策略是：在无电流通过的情况下，N75 电磁阀闭合，而增压压力直接作用于隔膜。这样，只要气压稍微增加，增压控制阀就会打开。也就是说电磁阀不通电时 N75 的真空膜盒管路和增压后的空气管路相通，此时随着增压压力的增会打开排气涡轮侧的旁通道使排气压力下降，从而降低涡轮转速和进气增压压力。

总结分析：

该车的故障是 N75 增压压力限制电磁阀存在发卡现象，在急加速时出现 N75 电磁阀通电本应将增压控制阀的管路和空气滤清器处的真空管接通，但由于该阀存在卡滞，导致增压压力控制阀管路仍和增压后的空气管路相通，造成排气涡轮侧的旁通道部分打开，使排气压力下降，从而降低了涡轮转速，进而影响增压压力无法达到规定值。

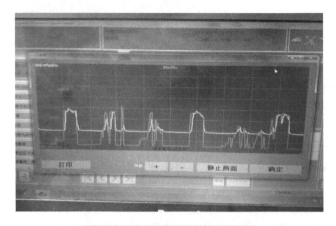

图 1-8 增压压力传感器正常波形

诊断该故障时可断开增压控制阀上的真空管，如故障码变为"P023400 增压压力控制超出控制极限被动/偶发"，说明故障原因就是增压压力限制电磁阀 N75 存在机械故障。

2. 机械增压系统

机械增压装置由传动带与发动机曲轴相连接，被固定在发动机上。它从发动机输出轴获得动力，来驱动增压器的转子旋转，从而将空气进行增压，并送到进气歧道里。其优点是转子转速和发动机同步，因此没有滞后现象，动力输出非常流畅。但是由于它与发动机曲轴相连，还是消耗了部分动力，增压效率并不高。

（1）结构组成（图 1-9、图 1-10）

图 1-9 机械增压器整体图

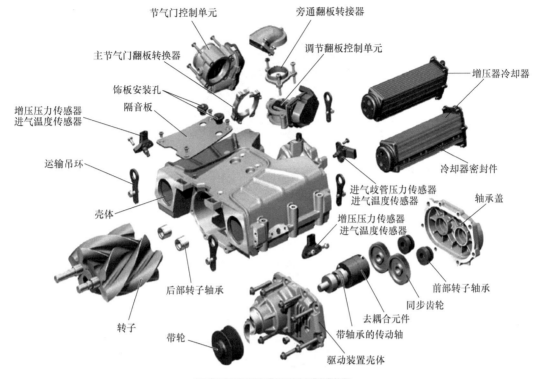

图 1-10 机械增压器结构组成

（2）工作原理

机械增压器也叫罗茨式增压器，它是一种旋转活塞式结构的装置。该装置采用挤压原理工作，内部并无压缩过程。该增压器有一个壳体，壳体内有两个轴（转子）在转动。这两个转子采用机械方式来驱动，比如采用曲轴驱动。这两个转子是由壳体外的齿轮来传动的（传动比相同），两个转子同步转动，但旋向相反。这样两个转子工作起来就像在彼此啮合。其结构的重要之处在于：两个转子彼此之间以及其与壳体之间是密封的。该结构的难点在于只允许产生非常小的摩擦。在工作时（转子转动），叶片和外壁之间的空气就被从空气入口（吸气侧）输送到空气出口（压力侧）。输送空气的压力是因回流而产生的（图 1-11）。

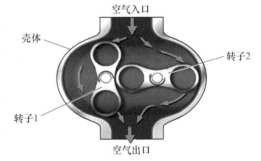

图 1-11 机械增压器原理图

增压器的驱动方式是永久式的（就是只要发动机运转，就一直被驱动）。因此如果没有增压压力调节机构的话，增压器在任何转速时都会产生相对于这个转速的最大气流（也就是最大增压压力）。但是，并非在所有工况都需要增压，这就会在增压器压力侧形成很高的气阻。这种气阻会造成发动机出现不必要的功率损失。因此，必须有相应的措施能调节增压压力。现代汽车大都采用旁通翻板机构来实现增压压力的控制。

① 全负荷工况（旁通翻板关闭，图 1-12）。

② 部分负荷工况（旁通翻板打开，图 1-13）。

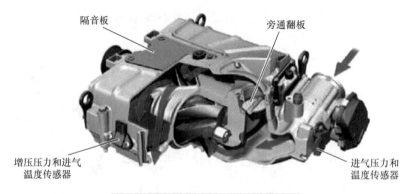

图1-12 机械增压器全负荷工作状态

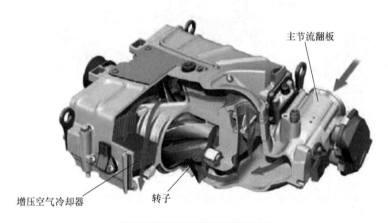

图1-13 机械增压器部分负荷

部分负荷时旁通翻板根据进气压力传感器和两个增压压力传感器的实时数据,进行闭环调节,使增压压力适合每一个工况。

(3) 机械增压器与废气涡轮增压器对比

1) 优点。
- 需要时可立即获得增压压力。
- 增压压力是连续供给的,且随转速升高而增大。
- 增压空气不会被过度冷却。
- 寿命长,保养方便。
- 结构紧凑(节省空间,安装在发动机V形腔内,而不是安装在进气歧管内)。
- 节省燃油。
- 发动机转矩增大快,可提前达到最大转矩值,因此起步性能好。
- 压缩空气到气缸的路径非常短,因此反应非常快。
- 废气特性好。原因:催化转化器可以更快地达到工作温度。而对于使用废气涡轮增压器的发动机来说,一部分热能要用于驱动废气涡轮增压器(这部分热能就损失掉了)。

2) 缺点。
- 精度高(转子-壳体),因此生产成本高。
- 对进气管道内混入的异物敏感性过高。

- 重量相对大些。
- 降噪声的费用高。
- 驱动增压器需要消耗部分发动机功率。

3）增压压力电磁离合器（图1-14）。为了解决机械增压一直由发动机驱动造成的功率损耗问题，现代车辆的机械增压器在驱动带和转子轴之间加装了电磁离合器；这样的改动可以使发动机不需要增压压力时没有额外的功率损耗，在需要增压压力提供支持时又可以迅速介入。

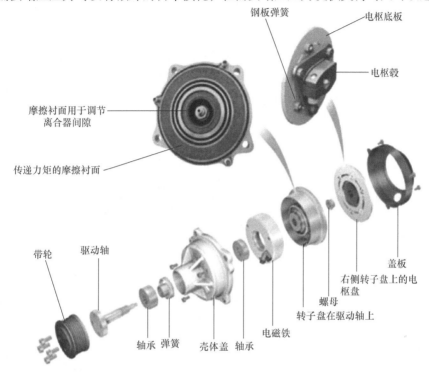

图1-14 机械增压器的电磁离合器

（4）使用注意事项

1）机械增压器属于精密偶件，对空气洁净度要求高，所以建议根据使用环境的恶劣程度，及时清洁或更换空气滤清器。

2）机械增压器通过加工平面直接和发动机组装在一起，所以在拆装机械增压器过程中一定要注意相关接合面的保护工作。

（5）机械增压器常见故障分析

机械增压器在售后维修中很少出现故障，在出现增压压力过高或过低相关故障时其诊断思路与涡轮增压器基本一致。需要特别注意的是由于积炭导致旁通翻板卡滞以及机械增压器与气缸盖接合面的密封性。

二、可变进气歧管

1. 结构组成

可变进气歧管由进气歧管翻板、翻板驱动真空马达、进气歧管翻板位置传感器和真空马达控制电磁阀等相关件组成（图1-15）。

2. 工作原理

较长的进气歧管在发动机低转速时的容积效率较高，最大转矩值会较高，但随着发动机转速的提高，容积效率及转矩都会急剧降低，不利于发动机高速运转。较短的进气歧管则可提高发动机高转速运转时的容积效率，但在低转速时会降低发动机的最大转矩。因此若要兼顾发动机高低转速的动力输出，保持较好的容积效率，唯有采用可变长度的进气歧管。大部分车型在发动机转速达到4000r/min时切换到短进气道。

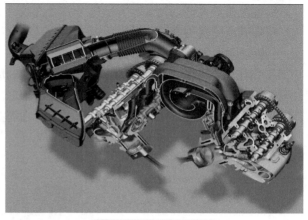

图1-15 可变进气歧管

1）低速时可变进气通道的阀门关闭，进气走弯形长进气道。此时既可以利用惯性进气增压提高充气效率，又可以使进气流形成涡流和滚流，使混合气混合更均匀（图1-16）。

2）高速时阀门开启，进气走直的短进气道，以增加充气系数（图1-17）。

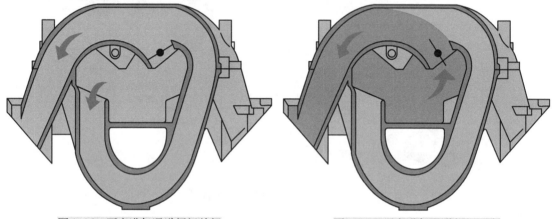

图1-16 可变进气通道阀门关闭　　　　图1-17 可变进气通道阀门开启

3. 常见故障分析

进气歧管转换阀常见故障主要是阀门卡在关闭位置或开启位置，故障表现为EPC灯亮同时仪表提示"发动机转速最高不能超过4000转"（不同车型有一定差异）。引起上述故障的主要原因有进气歧管转换电磁阀故障、进气翻板存在机械卡滞、真空驱动马达失灵以及真空源漏气。

可变进气歧管微课

4. 典型案例

车型配置：奥迪A6L，装配2.5L自然吸气缸内直喷发动机。

故障现象：客户反映冷起动后起步有时熄火。

诊断排除过程：

诊断仪检查"01发动机"，系统里有故障码"P207000可进气歧管卡在开启位置"。根据该车控制策略了解到，在怠速时可变进气歧管应处于关闭位置，而发生故障时处于打开位置。初步分析是由于真空驱动马达漏气或进气歧管翻板机构卡滞所致。

首先用手动驱动进气翻板真空驱动马达,发现进气翻板可以正常打开和关闭;同时诊断仪显示也是正常的。该车采用新型温度管理控制,在冷起动时发动机控制单元控制可调式水泵控制电磁阀,使水泵处于空转状态,进而使发动机温度迅速提升。可调式水泵和进气翻板都处在同一真空管路上,综合分析怀疑是冷起动时可调水泵电磁阀打开后可调水泵真空驱动装置存在漏气。试用手动真空泵检查可调水泵工作是否正常,经检查发现可调水泵真空驱动装置存在漏气现象。更换可调水泵后故障排除。

三、可变气门正时系统与可变气门升程

1. 可变气门正时系统

可变气门正时控制的作用是随着发动机转速提高,增大点火提前角和根据发动机转速变化改变配气相位,控制或提高充气系数。

一般情况下可变气门正时系统(CVVT)只对进气凸轮轴转角进行控制,主要作用是增大高速时进气迟闭角,提高充气效率(图1-18)。

通过进、排气凸轮轴的转角控制,进而控制进、排气门的开启时刻、关闭时刻,即双凸轮轴可变气门正时系统(D-VTC)(图1-19),作用是高速在增大点火提前角的同时,提前开启排气门和进气门,使排气更彻底,进气更充分。

图1-18 CVVT可变配气正时

可变气门正时系统工作模式如下所述。

1)滞后调节(图1-20)。

图1-19 双凸轮轴可变气门正时系统

2)提前调节(图1-21)。

2. 进、排气门的开启时刻、关闭时刻和升程控制(VTEC)

三菱公司和本田公司应用该技术。发动机控制单元根据曲轴位置传感器、节气门位置传感器、冷却液温度传感器和车速传感器信号,控制机油控制阀的位置,使进、排气门产生提前和滞后及在大负荷时改变气门升程。气门升程的作用就像一个水龙头,直接决定了发动机的进气速度。在高转速时配合较大的气门升程能大幅提升发动机的最大功率;低转速时发动机的单位时间进气量本来就小,也就不需要很高的进气速度,减小气门升程有助于形成涡流,提高充气效率。本田公司的气门升程调节为阶段式可变,作用同样是提升中低转速转矩,

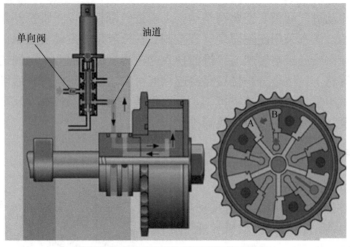

图 1-20　可变气门正时系统滞后调节

可变配气相位微课

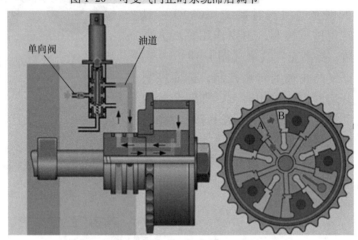

图 1-21　可变气门正时系统提前调节

但效果不如宝马和雷克萨斯的连续可变技术明显。

可变气门升程两个进气门摇臂中间还有一个特殊的中间摇臂，它对应的是凸轮轴上的一个高角度凸轮，而在发动机低转速时两个进气门摇臂和这个特殊的中间摇臂是分离的、互无关系，进气门摇臂只由低角度凸轮驱动，因此进气门打开的升程较小，这有助于提高低转速时的燃油经济性。但当发动机达到一定转速时，由电子液压控制的连杆会将两个进气门摇臂和中间摇臂连接为一体，此时三个摇臂就会同时被高角度凸轮驱动，而气门升程也会随之加大，单位时间内的进气量更大，从而使发动机动力更强（图 1-22、图 1-23）。

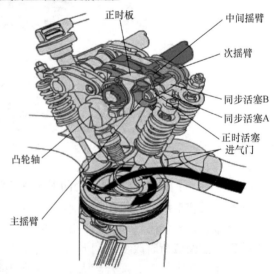

图 1-22　可变气门升程结构组成

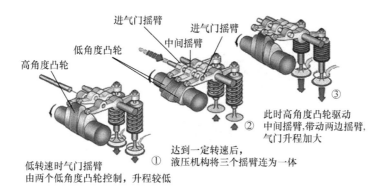

图 1-23 可变气门升程不同调节工况

阶段性可变气门正时系统技术特点：
通过提高充气效率，增加发动机功率，以提高燃油效率。由于缺少连续正时技术，在中段转速下转矩不足。

3. 进气凸轮轴采取电子控制，排气凸轮轴采取液压控制的双凸轮轴可变气门正时系统（VANOS）

除控制进气门的开启时刻、关闭时刻和升程外，VANOS 可确保排气凸轮轴的开关点从"滞后"到"提前"，或从"提前"到"滞后"平稳地移动。该技术于 1992 年首次应用于宝马 5 系车型的 M50 发动机上，2006 年 9 月用于新款雷克萨斯 LS460 的 V 形 8 缸发动机上。VANOS 属于连续性可变气门正时系统，如图 1-24、图 1-25 所示。

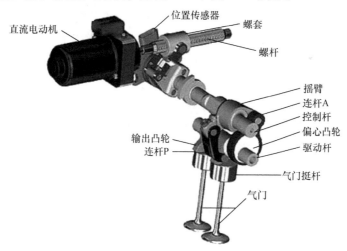

图 1-24 电子可变配气正时

发动机转速较低时，系统将进气门提前关闭以提高发动机怠速的平稳性，并在低速状态下提高最大转矩；发动机中速运转时进气门提前开启以增大转矩，发动机转速为 3700r/min 时，要求进气门关闭得较迟，以满足提高最大功率的要求；高速运转时进气门将延迟开启和关闭，以使发动机获得最大输出功率。

4. 可变气门升程

奥迪车采用可变配气相位与可变气门升程组合配置。可变气门升程就是指发动机控制单

图 1-25 宝马电子气门调节系统

元通过在不同转速区间利用两个导向电磁阀来控制配气凸轮在大小凸轮之间切换,使气门升程发生相应的改变(图 1-26、图 1-27)。

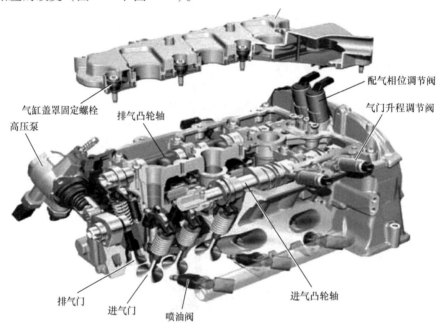

图 1-26 可变气门升程组成结构

1)在部分负荷时(采用较小的凸轮外形),气门开启是不对称的,一方面是因为凸轮的形状使得一个进气门比另一个进气门开启得大(2mm 和 5.7mm),另一方面是因为较小凸轮外形的气门开启时间也是不同的。另外,气门升程小的凸轮形状是按照让进气门同时打开这一原则来设计的,但第二个气门的关闭时刻却稍晚,再加上气缸盖中进气门特殊的遮蔽形状,就可使得吸入燃烧室的气体呈高流速和旋转运动状态,并配合专用活塞形成滚流进气,最终获得极佳的混合效果(图 1-28、图 1-29)。

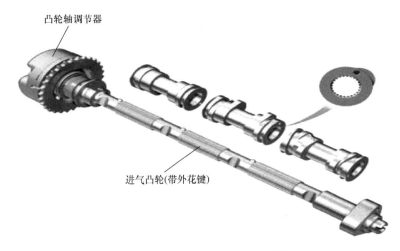

图 1-27 可变气门升程调节凸轮

2）发动机转速高于 4000r/min 或者超过一定的转矩值（特性曲线调节）时，切换到大凸轮以增加进气量来提高发动机功率（图 1-28、图 1-29）。

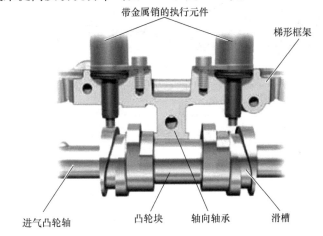

图 1-28 可变气门升程调节电磁阀

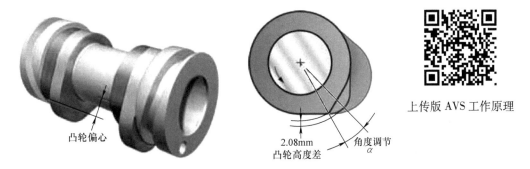

图 1-29 可移动凸轮的高低凸轮

5. 常见故障诊断分析

可变配气相位调节和可变气门升程故障率较低，当油压或是电子执行元件发生故障时，发动机控制单元会记录相关的故障码。根据故障提示就可以找到故障原因。需要注意的是，如果配气正时发生机械问题也会报"配气相位不正常"相关故障码，所以出现类似故障时检查配气机构机械装配是否正确仍是首要的工作。

6. 经典案例

车型配置：奥迪 A5 2.0T。

故障现象：突然出现发动机抖动并伴有加速不良。

诊断排除过程：用诊断仪检测有故障码内容：凸轮轴传感器 G40 相位错误，数据流也不正常。怀疑为配气正时安装错误，拆卸散热器框架检查正时正常。进行反复分析数据，怀疑故障出在凸轮轴调节阀。试更换传感器 G40 与调整阀 N205，故障依旧。最后决定拆卸凸轮轴支架检查机械阀。拆掉链条上端盖后检查机械阀发现阀门卡滞，推回去后弹不出来（图 1-30）。

图 1-30　凸轮轴调节阀止滞

解决措施：更换可变正时调节阀后故障排除。

总结分析：由于可变正时调节阀存在机械卡滞，导致凸轮轴调节器相关油道通过截面积发生变化。在发动机工况达到调整转速时，由于油道错位导致调节器响应速度变慢。由于实际配气相位与理论相位变化相差较大，此时发动机控制单元就会产生故障码"凸轮轴调节错误和发动机曲轴和凸轮轴位置传感器分配位置不合理"。

第二节　燃油供给系统新技术

传统的汽油发动机是通过控制单元采集凸轮位置信号以及发动机各相关工况参数从而控制喷油器将汽油喷入进气歧管。但因为喷油器离燃烧室有一定的距离，汽油同空气的混合情况受进气气流和气门开关的影响较大，并且微小的油颗粒会吸附在管道壁上，所以希望喷油器能够直接将燃油喷入气缸。先进的直喷式汽油发动机采用类似于柴油发动机的供油技术，通过一个活塞泵提供所需的 10~12MPa 的燃油压力，将汽油提供给位于气缸内的电磁喷射器。然后通过控制单元控制喷油器将燃料在最恰当的时间直接注入燃烧室，其控制的精确度已达毫秒级。

由于燃油是以极高压力直接注入燃烧室中的，对于进气量与喷油时机的判读与控制也更加精准。控制单元不断地根据发动机的工作状况改变喷油模式，始终保持最适宜的供油方式；在油气的雾化和混合效率上更为优异，使得发动机的燃烧效率大幅提升。燃油的充分利用不仅提高了燃油的利用效率和发动机的动力输出，而且改善了排放。

发动机的燃油直接喷入缸内与气体混合，降低了混合气温度，可以使燃烧室采用更高的压缩比，以提高动力性能和效率；而活塞顶部的特殊燃烧室造型有助于混合气形成涡流，达到理想的混合气浓度分布，使得混合气更好地燃烧。由此带来的好处是发动机动力性能得到明显提升，而排放与油耗则会得到更好的控制。局限是零部件的价格比起传统供油系统明显昂贵，必须使用高标号汽油，否则会堵塞喷油器。

一、缸内直喷技术

1. 缸内直接喷射系统的结构组成

缸内直接喷射系统由燃油箱、低压油泵、带燃油压力调节器的燃油滤清器、输出油管、回油管、分配油管、进气凸轮末端的直角凸轮驱动高压泵以及高压喷油器等组成，其作用是提供直接喷射所需要的压力燃油。凸轮轴转一圈该循环发生四次。应用直角凸轮可减少凸轮行程，每转传递效率提高，使得快速压力建立成为可能，这有利于发动机起动和再次起动。燃油压力传感器安装在油轨上。大众车系缸内直接喷射系统标准燃油压力为10MPa，而大众车系普通发动机正常的燃油压力只有350~400kPa。大众车系缸内直喷系统结构组成如图1-31所示。

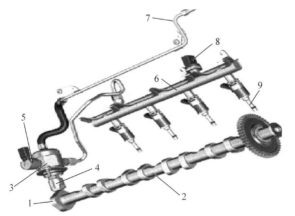

高压燃油泵微课

图1-31 大众车系缸内直喷系统结构组成

1—直角凸轮 2—凸轮轴 3—高压泵 4—触头 5—进油管 6—油轨 7—回油管 8—燃油压力传感器 9—喷油器

2. 缸内直接喷射系统的工作模式

（1）分层燃烧

如果空燃比达到25:1以上，按照常规是无法点燃的，因此必须采用由浓至稀的分层燃烧方式。当空气被吸入进气歧管时就已经产生了可变涡流，并使进气歧管中的气流以最佳的状态进入燃烧室内，使空气涡流中心集中在位于燃烧室中央的火花塞周围。火花塞在正时点火之前，高压喷油器将喷射汽油与燃烧室的空气混合，由于高压喷油器喷出精细的汽油，通过缸内空气的运动在火花塞周围形成易于点火的浓混合气，空燃比达到12:1左右，燃烧迅速波及外层的稀薄混合气区域。分层燃烧可以达到降低油耗和排放的目的。分层燃烧适用于转速不是很高的发动机，可明显改善低速时的燃油消耗。而在发动机高速运转时，空气流速较快，在气缸内的涡流效果明显下降，实现分层燃烧也就更为困难。为了避免这一现象，在高转速时发动机的喷油量就会相对有所提高，此时的油耗也就会略有提高。

① 进气工况（图1-32）。

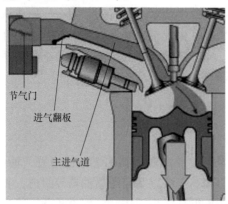
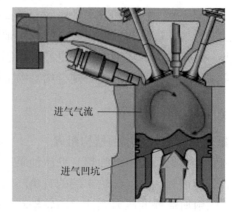

图1-33 进气工况

- 节气门打开（节流损失小）。
- 进气歧管翻板封住下进气道，于是空气运动就加速了。
- 吸入的空气呈旋转状进入气缸。

② 燃油喷射工况（图1-33）。

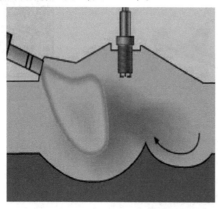
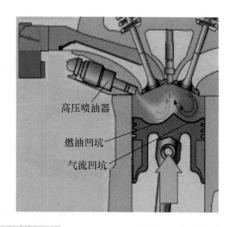

图1-33 燃油喷射工况

- 喷油开始于约上止点前60°。
- 喷油结束于约上止点前45°。
- 燃油被喷射到燃油凹坑内。
- 喷油时刻对混合气的形成有很大影响。

③ 混合气形成工况（图1-34）。

- 混合气形成只发生在40°~50°曲轴转角之间。
- 如果曲轴转角小于40°，无法点燃混合气。

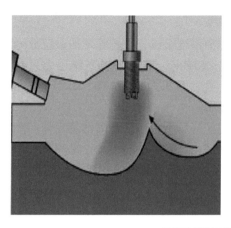
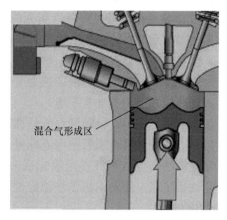

图 1-34 混合气形成工况

- 如果曲轴转角大于 50°，混合气就变成均质充气了。

④ 燃烧工况（图 1-35）。
- 只有混合好的气雾被点火燃烧。
- 混合好的气雾周围的气体起隔离作用。
- 缸壁热损耗小。
- 热效率提高。
- 点火时刻范围窄。

（2）均质模式

即在所有工况下都采用均匀混合气。燃油与空气的混合发生在进气行程中，这样燃油和空气就有了更充足的时间来混合，并且可以利用空气流动形成的旋转的涡流来击碎燃油颗粒，使之混合更加充分。均质燃烧更多考虑的是动力性（图 1-36）。

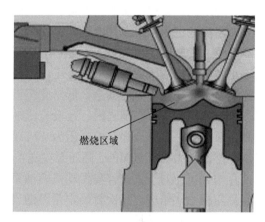

图 1-35 燃烧工况

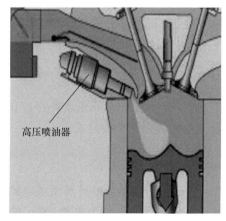
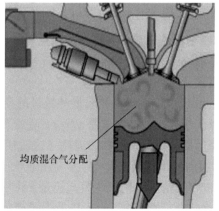

图 1-36 均质模式

3. 缸内直接喷射系统常见故障诊断分析

缸内直接喷射系统由低压燃油系统和高压燃油系统组成，在排除燃油系统故障时，首先要通过诊断仪和燃油压力表确保低压供油在450～550kPa；高压燃油系统压力只能通过诊断仪相关数据块来读取，应随发动机转速上升而上升，其压力应该在5～20MPa（具体每个车型燃油压力标准请参照相关维修手册）。

需要注意的是，缸内直接喷射系统是在高温、高压下工作的，喷油器工作间隙较小，所以应该使用97/98号汽油。如果使用低标号汽油，国产汽油中的烯烃含量较高，在高温环境下燃油极易在喷油器上与氧气发生氧化反应，形成低聚黏稠物的胶质，长期沉淀后形成积炭，导致喷油器堵塞，使发动机工作稳定性变差。

4. 典型案例

车型配置：奥迪A4L装配1.8T缸内直喷发动机。

故障现象：客户反映加速不良。

诊断排除过程：诊断仪检查"01发动机"里有故障码"P0087燃油油轨压力过低"的故障记录。读取发动机数据流，燃油压力为640kPa，高压泵输送控制偏差3.3500MPa，数据不正常。用燃油压力表测试低压压力，为700kPa。此现象证明高压压力低而低压压力高。为此先检查高压压力为什么这么低。此车没有缺缸、断火、冒烟的现象，可以排除喷油器泄漏。机油油位在正常范围之内，也没有汽油味，高压泵也不泄漏。替换高压传感器无效。检查高压泵线路。打开点火开关电压为9V，起动后电压为11V无异常。更换高压泵后测试数据流，燃油压力为3.90MPa，高压泵输送控制偏差-0.0200MPa，正常。试车，故障消失。

总结分析：对于缸内直喷发动机燃油系统故障诊断首先要区分故障是在低压燃油供给区还是高压燃油供给区；其次要确定是燃油压力传感器故障还是燃油压力异常。一定要结合故障现象，分析相关数据流才能迅速解决故障。

二、燃油双喷射系统

1. 结构组成（图1-37）

该系统由进气歧管喷射系统和缸内直喷系统组成，两套系统在不同工况下既可以单独工作也可以协同工作。双喷射系统的应用可以使发动机获得更大的转矩，同时降低缸内直喷发动机尾气排放中颗粒过多对环境造成的不良影响，还可以降低部分负荷时的燃油消耗。

2. 双喷射系统相对于直喷系统优点

1) 将系统压力从15MPa提高到20MPa。
2) 改善了燃烧噪声。
3) 达到EU-6关于颗粒质量和数量的要求（能将炭烟排放降低到原来的1/10）。
4) 降低废气排放（尤其是CO_2），使之符合当前和将来的排放要求。
5) 降低部分负荷时的燃油消耗（这时使用MPI喷射比较有利）。

3. 双喷射的工作模式

发动机到底是工作在MPI模式还是FSI模式，是通过特性曲线的计算来决定的。为了使得炭烟排放最少、机油稀释更少以及爆燃趋势更不明显，喷射（MPI或者FSI）的数量和种类在热力学方面均已优化。这就改变了混合气形成的状态。为此，就需要针对喷油时刻和喷油持续时间长度进行适配。

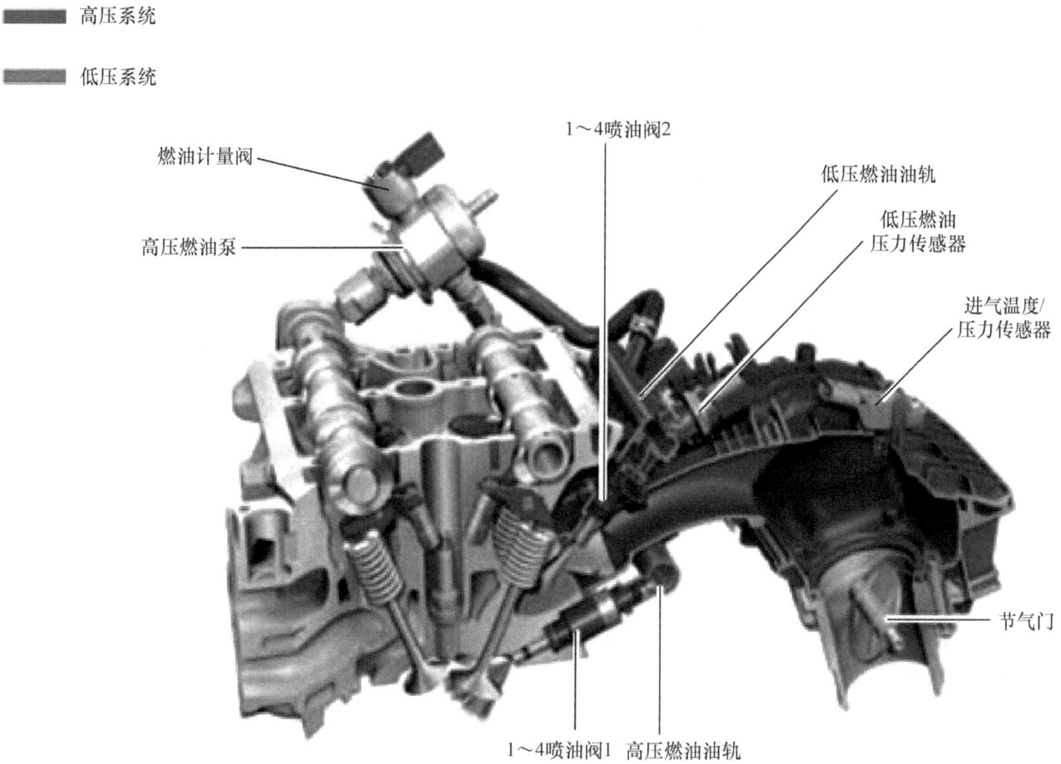

■ 高压系统

■ 低压系统

图1-37 燃油双喷射系统结构组成

在发动机冷机时（冷却液温度低于45℃且取决于机油温度情况），就一直使用直喷方式来工作。在每次发动机起动时使用的也是直喷方式。

在长时间使用MPI模式工作时，为了防止高压喷油器内的燃油烧焦，需使用冲洗功能。就是会短时激活FSI模式。

1) 发动机起动：三次直喷入压缩行程。

预热/催化转化器加热采用双次直喷，分别在进气行程和压缩行程喷入。与此同时，点火时刻点向"延迟"方向移动，进气歧管翻板关闭。

2) 发动机暖机（>45℃），部分负荷：这时切换到MPI工作模式。进气歧管翻板在部分负荷区也是关闭的，但不是与MPI工作模式完全相应（取决于特性曲线上的参数）。

3) 降低油耗：在发动机已是热机时，通过预先配置混合气的方式来优化混合气的均匀程度。这就使得燃烧更快、效率更高。而且，不必驱动高压泵来工作（以免消耗功率）。

4) 较高负荷：这时采用FSI双次喷射，分别在进气行程和压缩行程喷入。

4. 双喷射故障现象与诊断分析

双喷射是一个新技术，目前故障率还很低。在实际工作过程中遵守常规电控发动机诊断注意事项就行。不同之处在于双喷射系统专门有一组关于MPI和FSI喷射的工作数据块，通过该组数据可以精确得出哪缸MPI或是FSI当前是否正常工作。在诊断分析故障时应参考该组数据，以便尽快找到故障原因。

第三节　润滑系统新技术

现代发动机润滑系统除了对发动机运转部件进行润滑和冷却外，还需要以压力方式驱动液压挺柱、正时链条张紧器以及用油压控制可变配气正时机构（DVVT）。传统的机油泵输油压力随发动机转速升高而升高，这种控制方式会出现发动机在低速运转时机油压力不足，而高速运转时压力过高，只能打开润滑系统的限压阀泄掉多余的压力的问题。如何解决发动机低速时供油压力不足导致润滑不良和高速时对发动机功率造成的浪费，现代发动机大都通过可调机油压力的机油泵来解决这方面的问题。常见可调压力机油泵有两种形式。

一、移动齿轮式可调机油泵

1. 结构组成（图1-38）

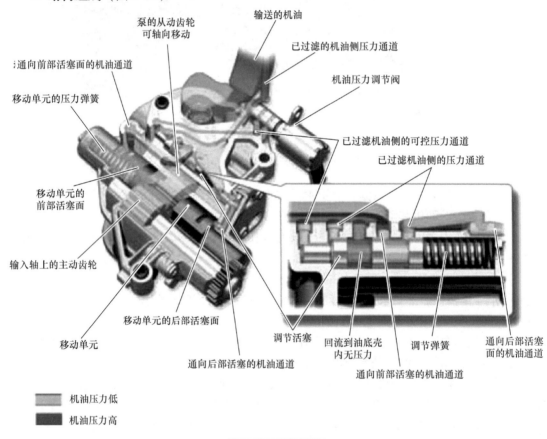

图1-38　结构组成

2. 工作原理

新调节方式的理念是这样的：采用两个不同的压力。低压约为180kPa（相对）。当发动机转速达到约3500r/min时就切换到高压，这时压力约为330kPa（相对）。压力调节是通过调节齿轮泵的供油量来实现的。

两级调节机油泵控制策略如图1-39所示。

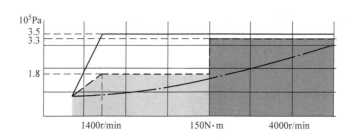

- — · — 机油压力实际需求
- ——— 无调节的机油压力(1.0L和1.2L发动机)
- – – – – 2级调节机油的机油压力(1.4L TSI发动机)
- 低压阶段
- 高压阶段

图1-39　移动齿轮泵控制策略

（1）起动时机油压力调节（图1-40）

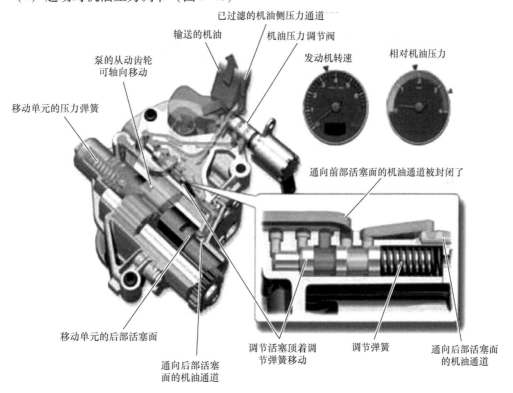

图1-40　移动齿轮泵起动时机油压力调节

发动机机油通过已过滤机油侧的压力通道作用到调节活塞的所有面上以及移动单元的两侧。发动机控制单元激活机油压力调节阀 N428，使可控压力通道处于打开状态，于是机油压力就作用到调节活塞的所有面上。

移动单元就保持在这个位置上。该泵以最大供油能力来供油，直至建立起低压（约

180kPa）。如果发动机怠速运行的话，压力可能低于这个值。这个压力值过低会损坏发动机，因此必须对机油压力值进行监控。这个监控工作由机油低压压力开关 F378 来完成。

（2）达到低压时的机油压力调节（图1-41）

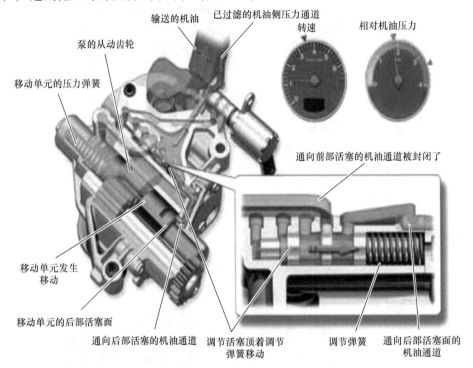

图1-41 移动齿轮泵达到低压时机油压力调节

如果发动机转速升高，那么机油压力也稍微提高，这就使得调节活塞顶着调节弹簧发生了移动。于是通向前部活塞面的机油通道就封闭，与此同时通向无压力的回流管（进入油底壳）开口打开。这时，后部活塞面上的液压力大于弹簧力。

于是移动单元就顶着压力弹簧发生了移动，泵的从动齿轮相对于主动齿轮也就发生了轴向移动。此时泵的容积流量（供油能力）减小，也就是根据发动机的机油耗油情况进行了适配。这个容积流量（供油能力）的适配就使得机油压力保持在一个相对恒定的水平。

（3）切换到高压时的机油调节（图1-42）

在发动机转速超过约3500r/min时就切换到高压状态。此时机油压力调节阀 N428 断电。这就使得可控压力通道被关闭，与此同时也关闭了通向油底壳内的无压力腔的开口。由于现在调节活塞的一个作用面不再作用有机油压力，调节弹簧的力就占上风。调节活塞继续移动，通向移动单元前部活塞面的机油通道被打开。

这时作用在前部活塞面的机油压力和弹簧力再次将移动单元向回推，直到该泵的两个齿轮几乎完全正面相对，这时泵以最大供油能力供油。移动单元保持在这个位置上，直至机油压力达到约330kPa。

（4）达到高压时的机油调节（图1-43）

机油压力调节阀 N428 仍然处于断电状态。调节活塞与调节弹簧之间力的关系由机油压力来保持（有效的活塞面积减小了）。如果发动机转速继续升高，那么移动单元又开始移动

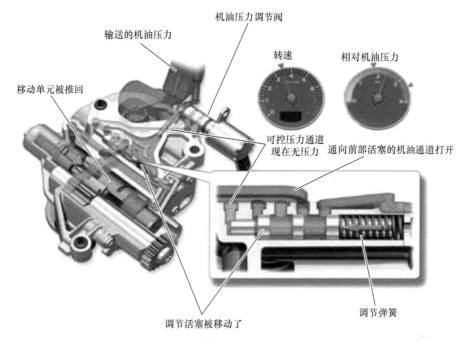

图 1-42 移动齿轮泵切换到高压时的机油调节

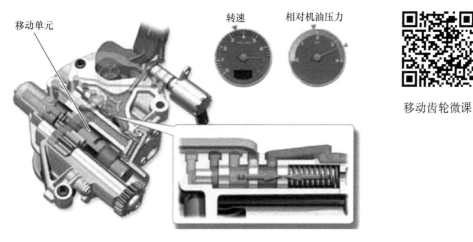

移动齿轮微课

图 1-43 移动齿轮泵达到高压时的机油调节

（就像低压状态时那样）。

切换由高压机油压力开关 F22（在机油滤清器模块上）记录下来。可控机油通道在高压时仍由机油压力调节阀 N428 保持关闭状态。

二、容积可调式叶片机油泵

1. 结构组成

该泵是在叶片式机油泵的基础上装配一个可旋转的调节环，通过机油压力调节电磁阀的控制使调节环发生旋转，从而改变叶片泵的供油腔，也就改变了供油压力的大小（图1-44）。

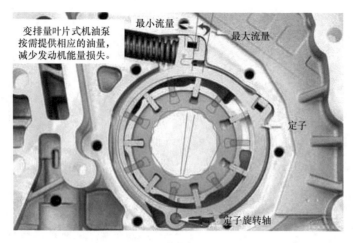

图 1-44　容积可调式叶片泵结构组成

2. 工作原理

（1）小供油状态（图 1-45）

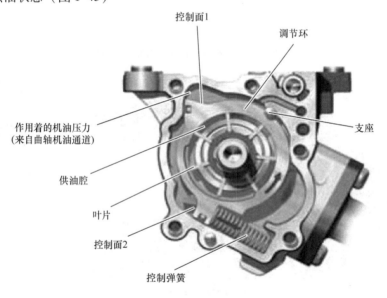

图 1-45　小供油状态

在发动机以低转速运行时，发动机控制单元将已通电（15 号线）的电磁阀 N428 搭铁，从而打开了第 2 个控制面所控制的机油油道。现在，两股机油流（压力是相同的）就作用在两个控制面上。由此而产生的力就大于控制弹簧的力，这使得调节环发生逆时针摆动。调节环摆到叶片泵的中心位置，减小了叶片之间的供油腔。根据发动机负荷、发动机转速、机油温度和其他工作参数切换到较低的机油压力，这样就可以降低机油泵所消耗的功率。

（2）大供油状态（图 1-46）

当发动机转速超过 2500r/min 或者发动机转矩超过 300N·m（全负荷加速）时，发动机控制单元 J623 会将电磁阀 N428 的搭铁断开，于是朝控制面 2 的机油通道被关闭。这时作用着的机油压力就只加到控制面 1 上，于是逆着控制弹簧力产生了一个较小的力。控制弹簧使得调节环绕着支座顺时针摆动。于是调节环摆离中心位置，叶片之间的供油腔就增大了。

容积可变叶片泵微课

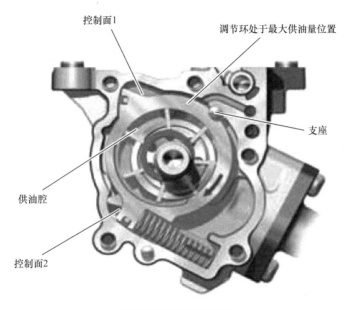

图1-46 大供油状态

叶片之间的供油腔增大,就可以供应更多的机油。增大了的机油油流在经过油孔和曲轴轴承间隙时会形成一个阻力,这就使得机油压力升高。因此使用容积可调式机油泵可以实现两级机油压力。

3. 润滑系统常见故障诊断分析

(1) 机油红色报警

润滑系统常见故障有机油压力过低,此时机油压力由于不能满足发动机运转所需最低压力,会点亮红色机油压力警告灯。引起机油红色警告灯点亮的原因可能是机油泵供油压力偏低,也可能是机油压力低压开关损坏导致误报警。此时必须停车检查机油油位和机油压力是否正常,在确保机油油位和机油压力正常的情况下尽快行驶到维修厂检查具体原因。

(2) 机油黄色报警

可能由于机油油位低于正常范围值或是机油油位传感器故障,此时仪表会提示"请检查机油油位或最多加入一升机油"。这种情况一般不影响当前正常行车,建议在方便时去服务站进一步检查具体原因。

(3) EPC 灯亮

润滑系统在由低压切换到高压后机油高压开关没有监测到压力变化,此时发动机控制单元点亮 EPC 警告灯,同时伴有发动机转速最高不能超过 4000r/min 的限制。

此类故障首先应用机油压力表检查机油压力能否随发动机转速上升而进行相应切换,如能切换则故障在机油传感器及相关线路上;如机油压力不能随发动机转速进行切换,则重点检查机油滤清器是否堵塞、机油压力调节阀及相关线路以及可调机油泵本身是否存在故障。

4. 典型案例

车型配置:奥迪 Q7,装配 3.0T 发动机。

故障现象:客户反映仪表经常显示机油红色警告灯点亮。

诊断排除过程:用诊断仪检查相关系统,无故障码。进行路试观察,机油压力灯并未亮起。冷却液温度达到正常时用机油压力表检测机油压力。怠速时，机油压力偏低，只有 70kPa 左右（正常值为 120~160kPa），在发动机转速为 2500r/min 以及 3700r/min 时，其压力可以达到正常值。

分析机油灯报警的原因有以下几方面：
- 机油油位过低。
- 机油泵问题，如磨损严重、滤网堵塞、压力调节阀故障等。
- 机油压力传感器或线路问题。
- 油道有泄漏等。

尝试替换了机油压力传感器、机油压力调节阀等，机油压力都没有明显的变化。拆解机油泵检查，机油泵滤网没有堵塞。分解机油泵时发现，机油泵泄压阀卡滞不回位。由于泄压阀卡滞泄漏，导致机油压力低。更换机油泵后检查机油压力，怠速时可达 140kPa，工作压力正常。

第四节　冷却系统新技术

一、温度管理系统

发动机冷却系统已经从过去的简单给发动机散热和乘员舱提供暖风的功能向温度管理系统过渡。发动机温度管理的核心是发动机快速预热，以达到节能和减排的效果；同时在发动机达到设定温度后，还可以根据乘客需求尽量满足舒适性方面的要求。下面以 2016 款奥迪 A6L 1.8T 车型为例介绍新型温度管理系统的工作原理。

1. 温度管理系统的组成结构（图 1-47）

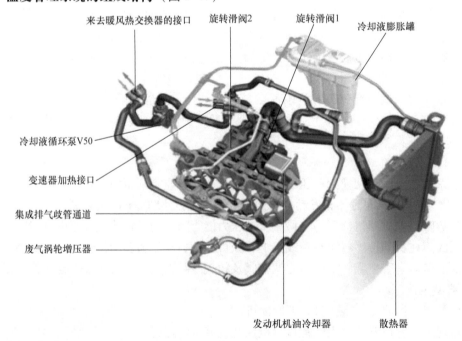

图 1-47　温度管理系统的组成结构

2. 温度管理系统工作原理

该系统通过两个机械连接的旋转滑阀来调节冷却液液流。旋转滑阀角度位置的调节是按照发动机控制单元内的各种特性曲线来进行的。通过旋转滑阀的相应位置,就可实现不同的切换状态,使发动机快速预热。通过快速且经热力学方面优化的发动机温度调节来实现降低油耗,以及在需要时给乘员舱加热。另外,可让发动机温度在85~107℃之间变动。

(1) 发动机温度调节执行元件 N493 的功能

一个直流电动机驱动旋转滑阀转动,该电动机由发动机控制单元通过 PWM 信号(12V)来操控。这个操控过程一直持续进行着,直至到达发动机控制单元给出的位置。正的操控信号(诊断仪上的测量值)表示旋转滑阀在向打开的方向转动。电动机通过一个很结实的蜗轮蜗杆传动装置来驱动旋转滑阀1,这样就能控制机油冷却器、缸盖以及主散热器中的冷却液液流了。发动机越热,旋转滑阀的转动也就越大,这样的话不同的横断面也就有不同的流量了(图1-48)。

为了能准确识别旋转滑阀的位置以及功能故障,在旋转滑阀的控制电路板上装了一个旋转角度传感器,该传感器将数字电压信号发送给发动机控制单元。

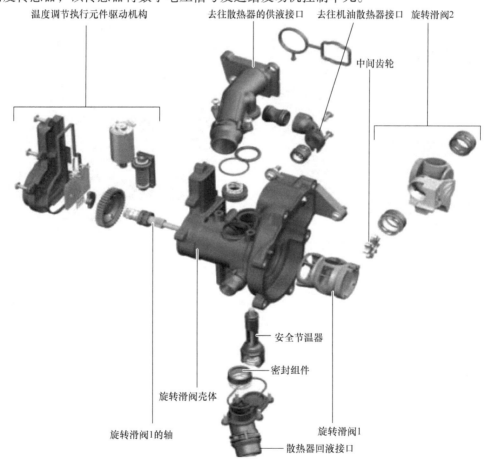

图 1-48 温度调节执行元件

旋转滑阀2是通过一个滚销齿联动机构与旋转滑阀1相连的。该联动机构的结构是旋转滑阀2在特定角度位置会与旋转滑阀1连上和脱开。旋转滑阀2的旋转运动（打开流经缸体的冷却液液流）在旋转滑阀1转角约为145°时开始。在旋转滑阀1转角约为85°时再次脱开。此时旋转滑阀2达到了其最大转动位置，缸体内的冷却液循环管路完全打开。旋转滑阀的运动会受到机械止点的限制。

（2）温度控制策略

1）预热控制（图1-49）。要想预热发动机，旋转滑阀1就得转到160°的位置。在这个位置处，旋转滑阀1会封闭发动机机油冷却器和主散热器回流管开口。旋转滑阀2会封闭通向缸体的开口。

自动空调冷却液截止阀N422和变速器冷却液阀N488暂时关闭。冷却液循环泵V51不通电。这时冷却液不在缸体内循环。不流动的冷却液根据负荷和转速情况，被加热至最高90℃。

2）有暖风需求（图1-50）。如果有加热请求，那么自动空调冷却液截止阀N422和冷却液循环泵V51就会被激活，冷却液就会流经缸盖、废气涡轮增压器和暖风热交换器。

图1-49 预热控制　　　　　　　　　　图1-50 暖风需求控制

3）小流量（图1-51）。该功能用于：在缸体内的冷却液静止时（就是不流动时），防止缸盖（集成式排气歧管）和涡轮增压器过热。为此就要将旋转滑阀1转到约145°的位置上。从该位置起，滚销齿联动机构就会带动旋转滑阀2动作，该阀开始打开。这时，少量冷却液就会流经缸体而进入缸盖，流经涡轮增压器，再经旋转滑阀模块流回水泵。还有一部分冷却液，在需要时会经冷却液止回阀N82流向暖风热交换器。冷却液循环泵V51仅在"有加热要求时"才会激活工作。由于可以快速加热冷却液，在发动机预热阶段就可以将摩擦降至最小。

4）接通发动机机油冷却器的预热运行（图1-52）。预热结束后，就只接通发动机机油冷却器。从旋转滑阀1到达120°的位置起，发动机机油冷却器接口开始打开。与此同时，旋转滑阀2继续打开，流经缸体的冷却液流越来越大。通过这种有针对性地接通发动机机油冷却器，可以额外加热发动机机油。

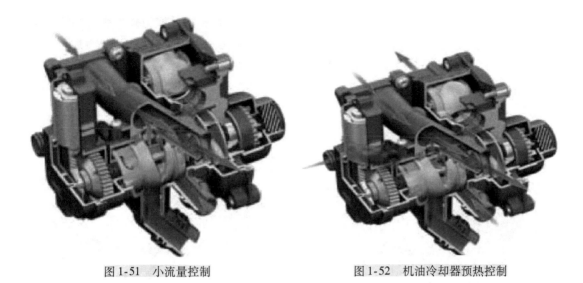

| 图 1-51 小流量控制 | 图 1-52 机油冷却器预热控制 |

5）变速器加热（图 1-53）。在发动机热到足够程度后，会打开变速器冷却液阀 N488，以便用过剩的热来加热变速器油。

变速器油加热功能在下述情况下接通：不用暖风的话，冷却液温度达到 80℃ 时；使用暖风的话，冷却液温度达到 97℃ 时。

6）通过主散热器实施温度调节（图 1-54）。在转速和负荷很小时，把冷却液温度调至 107℃，以便使得发动机摩擦最小。

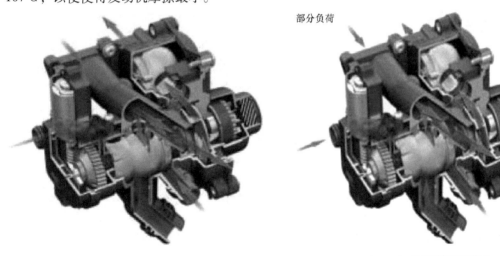

| 图 1-53 变速器加热控制 | 图 1-54 主散热器温度调节 |

随着发动机负荷和转速升高，会将冷却液温度调低，最低可至 85℃。为此，旋转滑阀 1 在 85°和 0°之间根据冷却需要进行调节。在 0°这个滑阀位置时，主散热器回流接口完全打开（图 1-55）。

7）关闭发动机后的续动功能（图 1-56）。为了避免缸盖和涡轮增压器处的冷却液在发动机关机后沸腾，也为了避免对发动机不必要的冷却，控制系统会按特性曲线起动续动功能。该功能在发动机关闭后，最多可工作 15min。为此将旋转滑阀转至"续动位置"（160～

255°)。在这个工况下，实现冷却液温度调节。在需要以最大续动能力来工作（255°）且冷却液温度较低时，主散热器回流接口打开，但是去往缸体的接口用旋转滑阀2封闭。另外，冷却液循环泵V51和冷却液止回阀N82激活。

图1-55 全负荷控制

图1-56 续动功能控制

冷却液这时分成两个分流：一个经缸盖流向V51，另一个经涡轮增压器流经旋转滑阀，随后再流经主散热器而流回冷却液循环泵V51。缸体在续动位置时，就没有冷却液流过了。通过这个功能，可以明显降低续动持续时间，且不会产生大量的热能损失。

3. 常见故障分析

如果转角传感器损坏，那么旋转滑阀就会开至最大位置（发动机冷却能力最强）。如果直流电动机损坏或者旋转滑阀卡死，那么根据旋转滑阀位置情况，会激活转速限制和转矩限制功能。

如果旋转滑阀内的温度超过113℃，那么旋转滑阀内的膨胀式节温器就会打开通向主散热器的一个旁通支路，这样的话冷却液就可以流经主散热器。于是，出现故障时仍可以继续行驶。

应急功能：
- 组合仪表上出现信息，提示转速已被限制在4000r/min，提示音响一次，EPC灯也被点亮。
- 组合仪表上显示真实的冷却液温度。
- 打开冷却液截止阀N82。
- 激活冷却液循环泵V51，以保证缸盖的冷却。

4. 经典案例

车型配置：奥迪A6L，装配的是2.0T第三代EA888发动机。

故障现象：客户反映怠速时风扇常转。

诊断排除过程：现场检查发现上下水管温差很大，诊断仪读取发动机无故障记忆。维修技工认为是节温器存在故障，在冷却液温度正常后无法打开。所以上下水管温差大。但在准备更换节温器时发现该车装配温度管理系统，读取数据块显示冷却液温度在105~107℃之间跳变。根据温度管理系统工作原理，为了燃烧更充分，在怠速时将冷却液温度调节到107℃。为了验证推理是否正确，特意去盘山公路试车并读取数据。试车过程发现在爬坡负荷较大时冷却液温度降至87~90℃，此时风扇停止运转；而在下坡负荷减小或怠速时冷却液温度又上调到107℃左右，此时风扇再次起动运转。

综上分析检查，客户反映现象是温度管理系统的一种控制策略而不是故障，维修人员根据以前的知识误认为是节温器不能打开。现代车辆技术日新月异，只有了解每个车型的技术特点才能对症下药，迅速解决客户需求。

二、发动机起/停功能

不断上涨的燃油价格、更加严格的排放法规，为降低汽车尾气排放，开发了起动/关闭系统。当车辆停止在铁道路口或者交通信号灯前时，起动/关闭系统会自动将发动机临时关闭。再次起步行走时，就不需要再转动点火钥匙来起动发动机了。

新的起/停功能还具备能量回收的功能，在车辆减速和制动阶段会提高发电机电压，为蓄电池充电，这有助于车辆进行减速；在加速阶段，发电机的负荷就降低，这就降低了燃油消耗。

1. 起/停功能新增件

（1）为满足起/停功能需求新增加和改进的部件
- 冷却液辅助泵——在低温环境中，防止车内温度在停止期间变冷。
- 稳压器—— 在起动过程中防止相关控制单元的电压波动过大。
- 起动/停止按键——关闭或打开起/停功能。
- 制动助力传感器——监测真空助力压力，确保助力可靠。
- 外部湿度传感器——增强预知车窗起雾的能力。
- 内部湿度传感器——识别车窗起雾。
- 空档传感器——识别当前档位。

（2）相关信号
- 空调信息——准确了解车内需求温度与实际温度。
- 车速信号——用于识别车辆已开始行驶，同时提供转向和制动辅助。
- 除雾按钮——防止车窗起雾。
- 座椅加热按钮——识别座椅加热请求。
- 转角传感器——防止发动机在驻车或其他情况下意外熄火。
- 倾斜角——防止车辆意外倾覆。
- 拖车识别——防止在拖车过程中意外熄火。

2. 起/停控制策略

（1）发动机自动关闭条件（图1-57）
- 发动机温度达到相应的最低值。
- 车辆先向后行驶几米，然后向前行驶，在车速高于3km/h后完全停止（脱困模式）。
- 对于配备自动变速器的车辆，车速必须高于10km/h。
- 蓄电池必须充足电，这样发动机才能重新起动。
- 除霜功能（风窗玻璃除霜）已关闭。
- 驾驶人必须系好安全带。

图 1-57 起停功能涉及因素

- 不得挂档。
- 不得踩下离合器。
- 驾驶人车门和发动机舱盖必须处于关闭状态。
- 发动机转速必须低于 1200r/min。
- 发动机柴油颗粒过滤器（DPF）不得处于再生过程激活状态。
- 所设空调温度和车内温度之差不得超过 12℃。
- 上坡坡度/下坡坡度必须小于 10°。
- 在车辆即将停住前，转向盘转向角度不得超过 270°（3/4 圈）。
- 对于配备自动变速器的车辆，还必须踩住制动踏板，直至起动停止系统激活。

（2）发动机无法自动关闭原因

- 车辆与一辆挂车电气相连。
- 通过中控台上的按键手动关闭了该系统。
- 踩下了离合器踏板。
- 挂入了档位。
- 未用力踩下并踩住制动踏板。
- 驻车辅助系统已开启。
- 尚未达到空调预设的车内温度。
- 蓄电池电量过低。
- 对风窗玻璃进行除霜。
- 转向盘转向角度超过 270°。
- 车辆严重倾斜。
- 如果在更换蓄电池后未执行相应的引导型功能来匹配蓄电池，或在完成匹配后系统处于充电曲线计算过程中，该系统会保持关闭。该计算过程会持续大约 10 个起动循环，具体视车型和装备而定。

（3）在停止过程中自动重新起动

- 发动机关闭后车辆继续移动，且车速高于 3km/h。
- 配备自动变速器的车辆挂入"R"位。
- 发动机冷却液温度骤降或骤升。
- 制动助力器的真空压力降低并导致制动助力降低。

- 车内温度与空调操作单元上设定的数值存在偏差。
- 蓄电池电量低于特定水平。
- 开启了多个用电器。
- 对风窗玻璃进行除霜。

（4）正常起/停功能停止后再次起动的前提条件
- 必须踩下离合器踏板。
- 对于配备自动变速器的车辆，必须松开制动踏板（不激活起步辅助系统）。
- 操作了起动停止按键（亮起）。

3. 起/停功能故障诊断分析

起/停功能是发动机控制单元的一个控制功能，它能正常工作的前提是发动机控制单元完全正常工作。如发动机控制单元存储了任何故障都会导致起停功能失效，所以解决起/停功能失效的前提是保证发动机正常工作。

当发动机没有任何故障记忆时，仪表提示起/停功能不可用。在这种情况下一定要读取起/停功能的历史数据块和当前数据块，查找影响起停功能的原因是什么，然后才能进行相关的排除。

第五节　车载诊断系统

车载自动诊断系统（OBD）根据发动机的运行状况随时监控汽车尾气是否超标，一旦超标，会马上发出警示。当系统出现故障时，故障灯（MIL）或检查发动机（Check Engine）警告灯亮，同时动力总成控制模块（PCM）将故障信息存入存储器，通过一定的程序可以将故障码从 PCM 中读出。根据故障码的提示，维修人员能迅速准确地确定故障的性质和部位。OBD 已经从第 1 代发展到了第 3 代，现在的 OBD 都是根据美国汽车工程师协会（SAE）制定的标准规范，各汽车制造企业按照 OBD Ⅱ 的标准提供统一的诊断模式，OBD 的诊断范围和诊断精度已进一步提升。下面就以 OBD Ⅲ 来讲解其具体工作原理。

OBD Ⅲ 的主要目的是使汽车的检测、维护和管理合为一体，以满足环境保护的要求。OBD Ⅲ 系统会分别进入发动机、变速器、ABS 等系统控制单元中去读取故障码和其他相关数据，并利用小型车载通信系统，例如 GPS 导航系统或无线通信方式将车辆的身份代码、故障码及所在位置等信息自动通告管理部门，管理部门根据该车辆排放问题的等级对其发出指令，包括去哪里维修的建议解决排放问题的时限等，还可对超出时限的违规车辆发出禁行指令。因此，OBD Ⅲ 系统不仅能对车辆排放问题向驾驶人发出警告，而且还能对违规者进行惩罚。在车辆进入修理企业时，管理部门已经将该车 OBD 系统监测到的所有数据输入修理企业控制单元，所以汽车到达修理厂前实际已经完成对车辆的初级诊断。总之，OBD Ⅲ 的主要特点是社会法规的支持。

1. OBD Ⅲ 主要监控对象

系统的主要监控对象为催化转换器功能、氧传感器老化、氧传感器电压检验、二次空气系统燃油蒸发循环系统、泄漏诊断检查、燃油输送系统、燃烧失火检测、CAN 总线以及所有接入控制单元的与排放有关的传感器和执行机构。

(1) 氧传感器

1) 电压变化曲线偏移和催化转化器前(上游)氧传感器自适应(图1-58)。

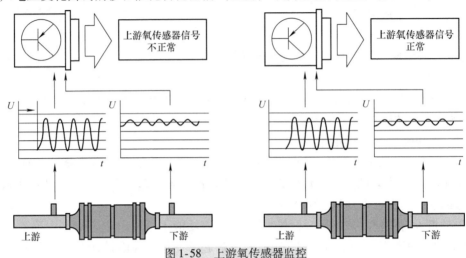

图1-58 上游氧传感器监控

氧传感器用于测量废气混合物中的氧气成分,它是一个控制回路的组成部分,这个控制回路用来保证空气-燃油混合气始终保持正确的混合比。老化或中毒会影响氧传感器的参数特性,这种消极影响可能表现为反应时间延长或者传感器电压曲线的位移(漂移)。发动机控制单元会识别出这个偏移,并借助于第二套控制电路在一定范围内进行补偿(校正电压曲线的位移量,自适应)。

2) 催化转化器后的运动诊断(图1-59)。催化转化器后(下游)氧传感器还有另一种监控策略,就是发动机控制单元在加速和超速工况时检查氧传感器信号。在加速状态时燃油/空气混合气较浓,废气中氧很少,氧传感器的电压应该升高。在超速状态情况则正好相反,这时供油已经中断,废气中的氧气很多,氧传感器的电压应该降低。如果催化转化器后(下游)氧传感器没有出现上述反应,那么发动机控制单元就认为催化转化器后(下游)氧传感器有故障。

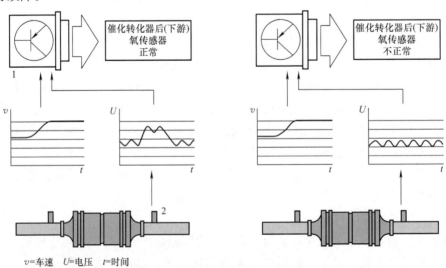

图1-59 下游氧传感器监控诊断

3）老化或中毒会影响氧传感器的参数特性，这种影响表现为反应时间延长或传感器电压曲线的位移（图1-60）。这两种情况会导致λ区变小，催化转化器废气转化效果变差。这种情况可以被检测出来并显示，但无法进行补偿。

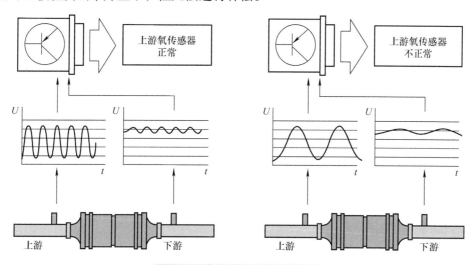

图1-60　上游氧传感器老化监控

4）催化转化器后的调节极限诊断（图1-61）。燃油/空气混合气的成分处于理想状态时，催化转化器后（下游）氧传感器的电压就在λ=1附近变动。如果催化转化器后（下游）氧传感器的电压平均值较高或较低，那就意味着燃油/空气混合气过浓或过稀。于是发动机控制单元就会改变λ值（这会影响燃油/空气混合气成分），直至催化转化器后（下游）氧传感器的λ值又回到1。这个λ调节值有一定的限制，如果超过了这个调节限制，EOBD就认为催化转化器后（下游）氧传感器或排气系统（漏气）有故障。

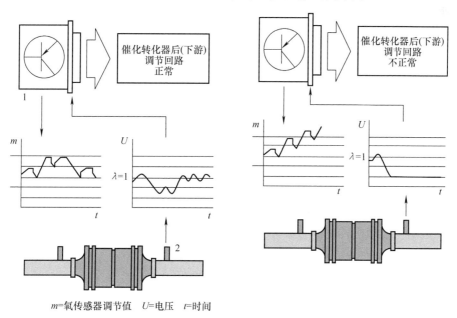

m=氧传感器调节值　U=电压　t=时间

图1-61　下游氧传感器调节极限诊断

5）氧传感器加热诊断（图1-62）。通过测量传感器加热电阻，系统就可以识别加热功率是否正确。

氧传感器的性能取决于温度。将氧传感器加热，就可保证在发动机和废气温度较低时，氧传感器仍能完成废气调节功能。冷凝水，特别是冷起动阶段的冷凝水，在某些情况下可能会损坏氧传感器。

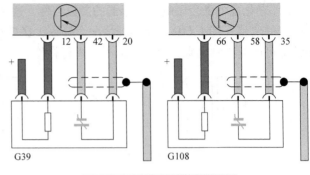

图1-62　氧传感器加热器诊断

(2) 油箱通风检测

1）流量诊断（图1-63）。如果已经激活了燃油箱通风系统，那么燃油/空气混合气的状态会发生改变。如果活性炭罐已满，那么混合气就变浓；如果活性炭罐已空，那么混合气就变稀。这种变化由催化转化器前（上游）氧传感器记录下来并以此来确定燃油箱通风系统的功能是否正常。

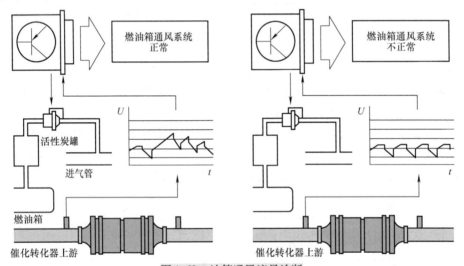

图1-63　油箱通风流量诊断

2）调节诊断（图1-64）。这种诊断是周期性的检测。诊断时，发动机控制单元以某固定的节拍将活性炭罐电磁阀打开一点并再关闭一点。由此导致进气歧管压力被"调节"了，这个变化由进气歧管压力传感器来接受并发送到发动机控制单元。发动机控制单元再对信号进行对比和分析。

(3) 断火识别（图1-65）

发动机转速传感器借助曲轴标记盘来识别出发动机转速是否不均匀，这种转速不均匀是由于断火引起的。发动机转速传感器与凸轮轴位置传感器配合使用，发动机控制单元就可以断定是哪个气缸断火，将故障存入故障存储器并接通废气警告灯。

在出现燃烧断火时，未燃烧的空气-燃油混合气就被排到废气中。

这种情况会使得发动机功率下降以及废气质量变差，但主要的危险在于这会使得催化转化器过热而损坏。如果因断火而超过了EOBD的废气排放极限值，那么废气警告灯就会一直亮着。

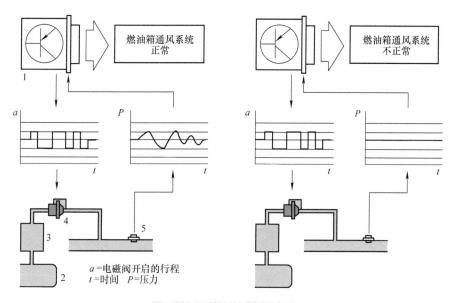

图 1-64 油箱通风调节诊断

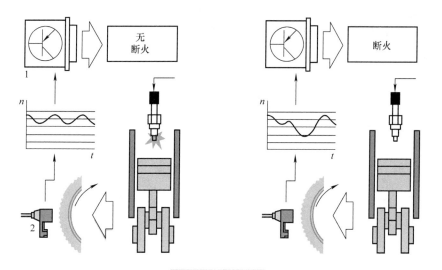

图 1-65 断火识别

但是如果因断火可能损坏催化转化器且还没有离开危险的负荷-转速范围的话,那么废气警告灯首先会闪烁,随后相应气缸的燃油供给马上被切断。断火识别的基本原理是基于通过选择气缸来判定发动机运行是否不稳。路面不平有可能被错误地当成断火。所以在路面不平时,发动机管理系统会将断火识别功能关闭。

(4) 废气再循环压力诊断(图 1-66)

在废气被引入到进气歧管的过程中,进气歧管的压力传感器应侦测到一个压力升高(真空度稍降)。发动机控制单元会将进气歧管内的这个压力升高值与引入的废气量进行对比,以此来推断出废气再循环(AGR)的功能是否正常。这个诊断只能在超速状态下进行,因为这时喷油过程被关闭了(喷油会影响测量),且发动机真空度非常大。

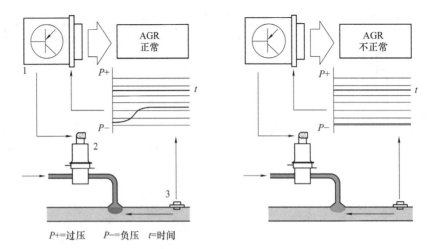

图 1-66 废气再循环压力诊断

（5）二次空气系统流量诊断（图 1-67）

通过催化转换器前（上游）的宽频氧传感器信号进行诊断，这是因为宽频氧传感器提供的测量结果要比跳跃式氧传感器的更详细。于是根据 λ 差值（催化转换器前的 λ 值且在二次空气系统供气过程中），就可计算并检查实际供应的空气质量。

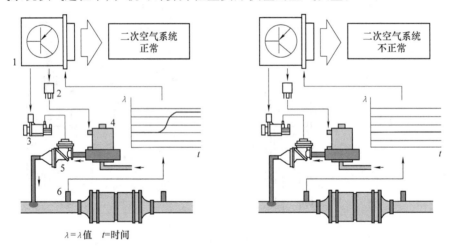

图 1-67 二次空气系统流量诊断

2. OBD 故障诊断分析

OBD 故障主要反映在尾气排放方面不达标，发动机控制单元会存储导致 OBD 报警的相关故障码。在诊断分析过程中一定要结合每一个系统的工作原理，按诊断仪提示的检查步骤逐项去排查。如发动机失火引起的 OBD 报警，从失火判断的策略我们知道能够导致 OBD 报失火的四大可能原因有：点火系统故障，导致点火能量不足或断火；燃油供给方面故障，导致混合气浓或是稀；进排气系统故障，导致进气不足或排气不畅；发动机机械故障，导致气缸压缩比低或是配气正时不正确。需要特别注意的是，由于燃油品质导致的 OBD 故障报警是常见故障原因之一，但由于缺乏有效的检查手段，对于怀疑是燃油品质导致 OBD 报警的故障，一般采取使用替代燃油或是对原燃油添加燃油添加剂的方法，以达到改善燃油品质的目的。

3. 典型案例

车型配置：奥迪 A6L 2.4L，装配 BDW 发动机。

故障现象：仪表 OBD 灯常亮。

诊断排除过程：该车到站检查时用 VAS6150B 检查发动机里有"P0302 发动机二缸失火偶发"。当时检查发动机运转平稳，无明显故障现象，带上诊断仪实车路试。在读取发动机数据流 01 - 08 - 15 和 16 组时发现 2 缸偶尔有一两次失火记录。发动机监控失火是通过检查曲轴位置传感器的转速波动来初步判别处于做功和进气行程的两个缸单位时间内转速偏低，之后再通过凸轮轴位置传感器来精确判断是哪一个缸处于做功行程从而准确判断。

根据维修经验，可能导致失火的原因有：①火花塞工作不良。②点火线圈工作不良。③喷油器堵塞或是工作不良。④气缸压力相关较大。⑤燃油品质不良。

本着由简入繁的诊断思路，维修人员给客户清洗了喷油器和节气门体；并加注了燃油添加剂 G17（大众专用添加剂，改善燃烧质量），客户行驶 3 天后进站反映故障没有排除。路试数据流显示 2 缸仍有失火记录，尝试对调喷油器后故障依旧；试和其他车对调一组火花塞，试车发现除了 2 缸，还有 1 缸、3 缸、4 缸均有失火记录。难道是对调的这组火花塞也有故障？重新更换一组新火花塞试车，故障又回到 2 缸失火，说明对调的火花塞确实工作不良。后来又替换了点火线圈，仍然存在失火。通过几次路试发现，故障出现时车速并不是很快。这与其他失火车辆一般是车速越高越容易出现故障有点不同，但一时也找不到什么理由来解释。检查气缸压力，各缸均在 1.1MPa 左右，并无明显的差异。在没找到故障原因之前，决定再亲自和客户沟通一下，具体了解一下故障发生时的现象和频率。经和客户沟通得知，故障容易在冷车起动时出现，有时起动后发动机抖动严重且仪表故障灯点亮；有时反复起动几次发动机故障消失，但有时得在故障工况下行驶一段距离再次熄火起动后故障就不存在了。经过和客户沟通发现，之前一直在路试而且尽可能车速高一些的试车是错误的。接好燃油压力表后在第二天早上起动，起动发动机后果然抖动严重而且仪表相关故障灯点亮。此时油压为 400kPa，在正常范围之内，发动机也没有明显异响。再次测量缸压，还是 1.1MPa 左右，此时分析会不会是 2 缸进气门积炭太多导致冷车时 2 缸混合气过稀或是 2 缸气门不密封，因为之前遇到过气门烧蚀但测量缸压没有明显的差异。拆下中央进气歧管检查发现 2 缸进气门是有积炭，但和其他缸积炭并无明显差别；在用螺钉旋具挑 2 缸进气门上积炭时，发现进气门居然能转动。正常气门安装到气缸盖上后，由于回位弹簧的作用力是不可能轻易转动的。这时分析是不是气门弹簧断裂了，但由于没有取掉凸轮轴并不能清楚看到弹簧有无故障。拆掉正时链条，取下凸轮轴后发现果然是 2 缸进气门中的一个气门弹簧断裂。更换损坏的气门弹簧，经客户使用一段时间后确认故障排除。

第六节　柴油机高压共轨喷射系统

电控是指喷油系统由控制单元控制，根据传感器信号对每个喷油器的喷油量、喷油时刻进行精确控制，能使柴油机的燃油经济性和动力性达到最佳的平衡。

现代共轨式柴油发动机喷射压力可达到 160MPa 左右，部分车型喷射压力达到了

200MPa 以上。共轨式柴油喷射系统将喷射压力的产生和喷射过程彼此完全分开。电磁阀控制的喷油器替代了传统的机械式喷油器，燃油轨中的燃油压力由一个径向柱塞式高压泵产生，压力大小与发动机的转速无关，可在一定范围内自由设定。共轨中的燃油压力由一个电磁压力调节阀控制，根据发动机的工作需要进行连续压力调节。电控单元作用于喷油器电磁阀上的脉冲信号控制燃油的喷射过程。喷油量的大小取决于燃油轨中的油压和电磁阀开启时间的长短，及喷油器液体流动特性。

1. 高压共轨柴油发动机的组成和基本作用

高压共轨柴油发动机即采用电子控制燃油喷射及排放的电喷柴油机。电喷柴油发动机的喷射系统由传感器、控制单元和执行机构三部分组成。其任务是对喷油系统进行电子控制，实现对喷油量以及喷油定时随运行工况的实时控制。高压共轨柴油发动机见图 1-68。

图 1-68　高压共轨柴油发动机

高压共轨燃油喷射系统由高压油泵、带调压阀的共轨油管、高压油管、带高速电磁阀的喷油器、控制单元以及发动机转速、加速踏板位置、喷油时刻、进气温度、进气压力、燃油温度、冷却液温度等各种传感器组成。系统将实时检测的参数同时输入控制单元，与已储存的设定参数值或参数图谱进行比较，经过处理计算按照最佳值或计算后的目标值把指令送到执行器。执行器根据 ECU 指令控制喷油量（供油齿条位置或电磁阀关闭持续时间）和喷油正时（正时控制阀开闭或电磁阀关闭始点），同时对废气再循环阀、预热塞等执行机构进行控制，使柴油机运行状态达到最佳。高压共轨柴油发动机对废气排放更严格，更注重与环保。

2. 高压共轨柴油机和普通柴油机的区别

普通柴油机的高压泵是由发动机凸轮轴驱动的，借助于高压油泵将柴油输送到各缸燃油室。这种供油方式的供油量随发动机转速的变化而变化，做不到各种转速下的最佳供油量。而现在已经越来越普遍采用的电控柴油机的共轨喷射系统可以较好地解决这个问题。

共轨喷射式供油系统由高压油泵、公共供油管、喷油器、控制单元和一些管道压力传感器组成。高压油泵负责产生高压燃油，然后输送到公共的供油管中。系统中的每一个喷油器通过各自的高压油管与公共供油管相连，公共供油管对喷油器起到液力蓄压作用。工作时，高压油泵以高压（180～220MPa）将燃油输送到公共供油管，高压油泵、压力传感器和控制单元组成闭环工作，对公共供油管内的油压实现精确控制，彻底改变了供油压力随发动机转速变化的现象。

其主要特点有以下几个方面：

1）喷油正时与燃油计量完全分开，喷油压力和喷油过程由控制单元适时控制。

2）可依据发动机工作状况调整各缸喷油压力、喷油始点、持续时间，从而达到喷油的最佳控制点。

3）能实现很高的喷油压力，可以实现预喷射，能调节喷油速率、喷油形状，实现理想喷油规律。

4）有良好的喷油特性，可优化燃烧过程，使发动机油耗、烟度、噪声和排放性能指标得到明显改善，并有利于发动机转矩特性。

5）结构简单，可靠性高，适应性强，可在所有新老发动机上使用。

高压共轨喷射目前已经发展到第三代。第一代共轨系统高压泵始终保持在最高压力，导致能量的浪费和发动机温度过高。第二代共轨系统可根据发动机需要而改变输出压力，并实现喷射和后喷的功能。现在使用的第三代共轨系统为压电式共轨系统，为直接控制式喷油器。把燃油喷射细化为预喷、主喷、后喷三个阶段。

预喷射可在上止点前90°内进行。如果预喷射喷油始点早于上止点前40°曲轴转角，则燃油可能喷射到活塞顶部和气缸壁上，使润滑油稀释。预喷射时少量燃油（1～4mL）喷入气缸，促使燃烧室进行预调节，从而改善燃烧效率。预喷缩短了主喷滞燃期，使预混合燃烧量比例减少，从而使主喷初期压力急剧上升得到抑制，可以有效降低发动机噪声。根据主喷射始点和预喷射与主喷射之间时间间隔不同，燃油消耗可能降低或升高。主喷射提供了发动机输出功率所需的能量，从而基本上决定了发动机的转矩。在整个共轨喷油系统中喷油压力近似恒定不变。后喷射不用于发动机输出功率，主要用于排放控制。

3. 预热装置和预热指示灯

1）预热装置。高压共轨柴油发动机预热装置为柴油机快速起动系统，它采用新型的陶瓷预热杆，该预热杆可在2s内达到1000℃，这就保证了该款发动机可以像汽油机那样快速起动，而不会再出现一般柴油机的那种"1min的延迟"。

2）预热指示灯熄灭后即可起动发动机。在发动机运转过程中如果预热指示灯闪烁，表明发动机控制系统出现故障。

3）后热。发动机起动以后，进入后热阶段。后热可以降低发动机的噪声，改善怠速工况的发动机性能，并且降低碳氢排放。发动机转速达到2500r/min时后热阶段停止。电热塞控制集成在EDC控制单元中，控制分为两部分：预热和后热。

由于直喷柴油机的起动性能好，预热只需在温度低于9℃进行，冷却液温度传感器为控制单元提供准确的温度信号，驾驶人通过仪表板上的预热警告灯了解预热情况。

4. 进气管上节流阀的作用

进气管上有节流阀，该阀可进行无级调节，这样就可以使得进气状况按照当前的发动机转速和负荷与排放、油耗和转矩/功率相适应。节流阀调节器上有电位计，它向发动机控制单元报告节流阀的位置。

节气门和节流阀在超速运行状态时会被打开，以便检查空气流量传感器并调整氧传感器。带有电动节流阀调节器的进气歧管，为了使转矩输出和燃烧状况达到最佳状态，在负荷较低时关闭涡旋通道可以增强涡旋运动；在负荷较高时打开涡旋通道有助于气缸更好地充气。在发动机起动时，节流阀被打开，且在怠速时才关闭（在占空比约为80%时）。从怠速转速直到约2750r/min（在占空比约为20%时），节流阀一直处于完全打开状态。另外，在无电流以及超速状态时，节流阀也是处于打开状态的。

5. 可变截面涡轮增压器（图1-69）

（1）可变截面涡轮增压器（VTG）的结构组成及工作原理

涡轮增压系统的传感器主要有空气流量传感器、冷却液温度传感器、加速踏板位置传感器、发动机转速传感器、油温传感器和涡轮增压器活塞位移传感器。为了能保证涡轮增压器在较低转速时做出快速响应，其导向叶片是通过一个电动调节器来实现调节的，这就能实现导向叶片的准确定位，从而达到最佳的增压压力。

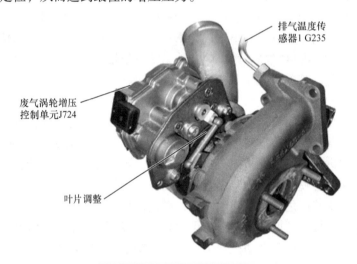

图1-69 可变截面涡轮增压器

另外，控制单元还根据进气压力传感器、进气温度传感器和海拔传感器等信号确定增压压力控制信号，传给增压压力控制阀。增压压力控制阀把电信号转化成真空度信号，传给废气涡轮增压器上的增压压力调节阀，控制增压压力沿理想的特性曲线运行（图1-70）。

在涡轮壳体内的涡轮前部还集成了一个温度传感器，用来测量增压空气的温度，发动机管理系统利用这个信息可以防止涡轮增压器过热。当温度超过450℃时，还可以起动颗粒过滤器的还原功能。涡轮增压器在小负荷、低转速的情况时，为了防止像汽油机那样增压滞后，处于可控调节状态，以便快速产生增压压力；大负荷、高转速的情况下会被调节，以便将增压压力保持在最佳范围内。

（2）带有增压空气旁通通道的涡轮增压系统（图1-71）

除了用于调节废气再循环温度外，增压空气温度还有一个重要作用：尽可能使不同温度条件下燃烧过程的热力学条件保持稳定，从而保证持续良好的排放特性。由于增压空气中冷器的效率很高（在外界温度较低时几乎可以将压缩了的增压空气冷却到环境温度），在空气

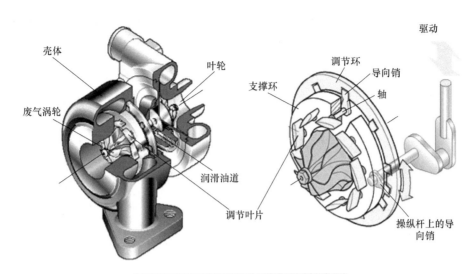

图 1-70 通过可变叶片角度调节增压压力

通道内集成了一个旁通支路,以便绕开增压空气中冷器。

旁通阀部件由阀箱和两个布置在同一轴上且彼此呈 90°的翻板构成。旁通阀的作用是:不断地将两个增压空气中冷器已冷却下来的空气与涡轮增压器加热的空气混合。当翻板处于终点位置时,增压空气中冷器已冷却下来的空气和涡轮增压器加热的空气这两者只能有一个被继续送往进气歧管。这种可变式增压空气混合作用的优点是,可以按特性曲线通过可变混合比将进气温度调节到规定值。这样,就可以使排放低、省油的燃烧方式所需要的热力学边界条件保持稳定。

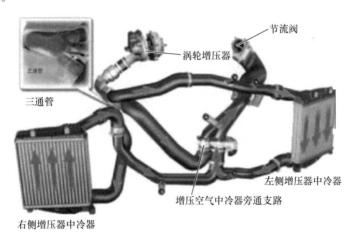

图 1-71 带增压空气旁通通道的涡轮增压系统

1)发动机冷机增压空气流向(图 1-72)。外部温度较低时,从涡轮增压器经三通管过来的已被加热了的增压空气经旁通阀直接被引入到进气歧管。这就使得氧化式催化转化器、颗粒过滤器和废气净化系统能很快地起动工作。

2)发动机带负荷,温度较高时增压空气流向(图 1-73)。发动机带负荷,外部温度较高时,当发动机转速超过约 1750r/min(按特性曲线)后,已冷却下来的增压空气经过处于特定位置的旁通阀被引入到进气歧管。关闭旁通阀，就关闭了增压空气直接进入进气歧管的通道，增压空气经增压空气中冷器再被引入到进气歧管。

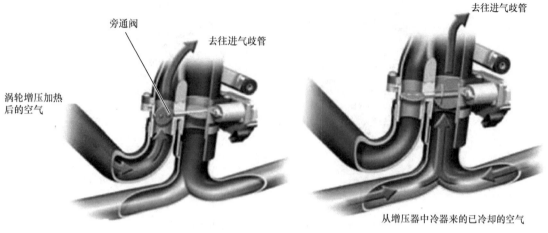

图 1-72　发动机冷机增压空气流向　　　　　图 1-73　温度较高时增压空气流向

6. 高压共轨柴油机电控系统

（1）高压共轨系统传感器

1）曲轴位置传感器精确计算曲轴位置，用于喷油时刻、喷油量和转速计算。

2）凸轮位置轴传感器用于判缸，在曲轴位置传感器失效时用于临时运行。

3）进气温度传感器测量进气温度，以修正喷油量和喷油正时，并进行过热保护。

4）增压压力传感器监测进气压力，和进气温度一起计算进气量。与进气温度集成在一起。

5）冷却液温度传感器测量冷却液温度，用于冷起动时提高发动机转速、目标怠速计算等，同时还用于修正喷油提前角、过热保护等。在低温和柴油机处于冷态时，控制单元可根据冷却液温度传感器和进气温度传感器的信号值确定合适的喷油始点、预喷射油量和其他参数的额定值。

6）共轨压力传感器属于压敏电阻式传感器，负责测量共轨管中的燃油压力，保证油压控制稳定。

7）加速踏板位置传感器将驾驶人的意图送给控制单元，即通过电压信号告知控制单元关于驾驶人对转矩的要求。

8）车速传感器提供车速信号给控制单元，用于整车驱动控制。

9）大气压力传感器用于不同海拔校正喷油控制参数，集成在控制单元中。

（2）高压共轨柴油机执行器

执行器用于将控制单元输出的指令电信号转变为机械参数。

高压共轨柴油机执行器主要有废气再循环控制阀、增压压力控制阀和喷油始点控制阀，分别进行废气再循环量、涡轮增压压力控制和喷油起始角控制。

CAN总线系统可与车辆的其他电子系统（例如 ABS、变速器电子控制系统）进行数据交换。诊断插头可在车辆检修时输出系统存储的运行数据和故障码。

(3) 共轨喷油系统的发展

博世公司第一代共轨喷油系统高压油泵出油压力为135MPa；第二代共轨喷油系统高压油泵出油压力为160MPa；第三代共轨喷油系统高压油泵出油压力为180MPa；第四代共轨喷油系统高压油泵出油压力将增大到220MPa。

第四代共轨喷油系统采用同轴可变喷油器（图1-74），可以省去预喷射过程，使微粒排放明显降低。采用小孔喷油器可获得良好的燃油雾化性，使空气混合更充分，燃油效率更高。

(4) 高压共轨系统控制和排放的关系

在共轨喷油系统中，喷油压力的建立与喷油量互不相关，喷油压力不取决于柴油机的转速和喷油量。电控柴油喷射系统由传

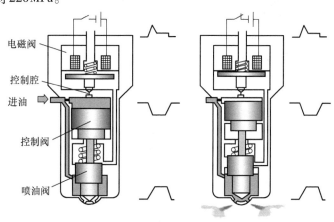

图1-74 同轴可变喷油器

感器、控制单元和执行机构等组成。其任务是对喷油系统进行电子控制，实现对喷油量以及喷油定时随运行工况的实时控制。采用转速、温度、压力等传感器，将实时检测的参数同步输入计算机，与已储存的参数值进行比较，经过处理计算按照最佳值对喷油泵、废气再循环阀、预热塞等执行机构进行控制，驱动喷油系统，使柴油机运作状态，包括动力性和排放控制达到最佳。

高压共轨柴油发动机排放污染目前主要是指一氧化碳、碳氢化合物、氮氧化物和微粒，因为二氧化碳温室效应问题，在未来更严格的排放法规中也将列为污染物。对于高压共轨柴油发动机氮氧化物和微粒的排放是治理的重心。高压共轨对喷射正时、喷射压力和喷射间隔角的控制与发动机燃油经济性和排放有着直接的关系。燃油喷射提前角加大使得滞燃期形成可燃混合气数量增加，在急燃期内燃烧速率增加，燃烧温度和压力升高，导致NO_x增加。喷射压力升高，使得燃烧充分，燃烧压力和温度升高，导致NO_x增加，但可降低炭烟和提高燃油经济性。滞燃期提前对急燃期的影响直接影响发动机的排放和性能。所以控制、适当推迟滞燃期有利于发动机的排放和性能改善。

(5) 后喷在排放中的作用

后喷主要是激活尾气的后处理。在排气系统配置有微粒捕捉器的情况下需要少量燃油在排气管内燃烧，对排放系统中的氧化催化器和微粒捕捉器进行适当加温，可提高工作效率，同时有利于氮氧化物还原催化，还烧掉了部分微粒，使烟度排放和微粒排放有明显的降低。后喷燃油不参与缸内燃烧。

(6) 废气再循环

废气再循环阀控制进气管内的废气再循环流量。废气再循环压力总是高于进气管压力。进入进气管内的废气气流与吸入的空气气流的方向是相反的，使新鲜空气与废气均匀而充分地混合。为了能有效减少废气中的颗粒和氮氧化物（NO_x），发动机暖机时，废气由一个中冷器来冷却，该中冷器内部充满流动的水且可由开关控制。发动机冷机状态时，旁通阀打

开,废气再循环直接进行,以便能以最快速度加热催化转化器;发动机暖机状态时,旁通阀关闭,废气被强制通过冷却器。

在控制单元内,存有 EGR 特性曲线,它包括发动机各工况点所需的空气量。控制单元利用空气流量传感器的信号,把实际进气量与标定进气量进行比较,为补偿这个差值,对 EGR 控制阀发出相应的控制电信号。EGR 控制阀把电信号转化成真空度信号传给 EGR 阀,以改变 EGR 阀的开度,控制废气再循环率。废气再循环可有效降低氮氧化物排放。但废气再循环率要受到限制,因为过多的废气会使碳氢、一氧化碳和微粒排放恶化。废气再循环见图 1-75。

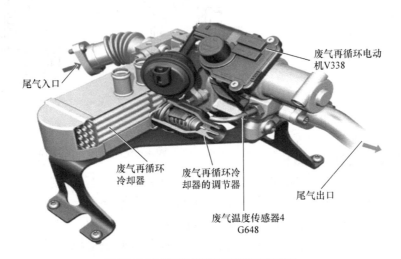

图 1-75 带散热器的废气再循环系统

1)冷态发动机废气再循环模式(图 1-76、图 1-77)。旁通阀打开,废气直接进入气缸;发动机快速暖机,催化转化器快速加热。

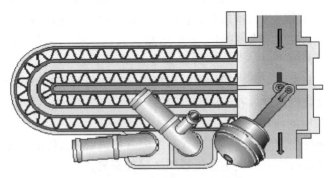

图 1-76 冷态发动机废气再循环

为了降低一氧化碳和碳氢化合物的排放量,在发动机升温预热的运行过程中,旁通支路阀都处于旁通位置。

2)热机状态下废气再循环工作模式(图 1-78)。旁通阀关闭,废气被强制地通过中冷器;废气有较高的密度,从大约 60℃ 开始被冷却。

当发动机处于部分负荷工况时,辅助中冷器的旁通支路是打开着的,废气再循环中冷器

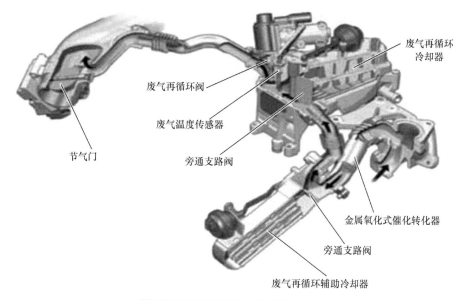

图1-77 发动机升温预热废气再循环

的旁通支路关闭,废气流经废气再循环中冷器并冷却。

3)随着负荷的增大以及废气温度的升高,辅助中冷器接通,于是两个废气再循环中冷器就都在进行冷却。这样就可以在降低温度的同时提高废气再循环率,并且氮氧化物的排放也进一步降低(图1-79)。

(7)尾气净化装置(图1-80)

废气排放量和燃油消耗量先通过发动机内部措施来降低,然后再经过废气再处理系统将废气排放降至最低。另外,氧化式催化转化器和柴油颗粒过滤器也采用了新元件,以便将氮氧化物排放降至最低。排气系统的组成如下:靠近发动机的氧化式催化转化器、涂层式颗粒过滤器、主动式废气再处理系统以及消音器。

柴油机氧化转化器和汽油机的三元催化转化器类似,主要是通过氧化还原反应将尾气中的 CO 和 NO_x 生成 CO_2 和 O_2 和 N_2。在这里重点讲解柴油机和汽油机不同的颗粒捕捉器和主

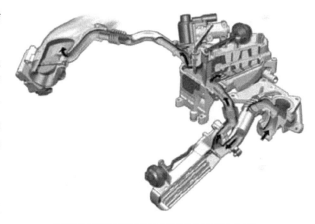

图1-78 热机部分负荷状态下废气再循环

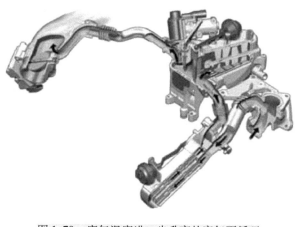

图1-79 废气温度进一步升高的废气再循环

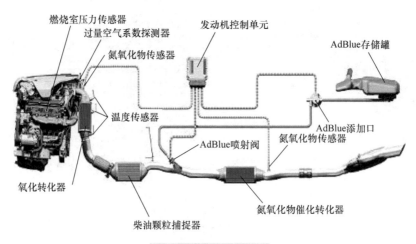

图 1-80 尾气净化装置

动式氮氧催化转器。

1）颗粒捕集器（图 1-81）。微粒过滤器是个由金刚砂制成的蜂房状陶瓷体，该陶瓷体安装在一个金属壳体内。陶瓷体分割成很多小的通道，这些通道相互间是封闭着的。因此，进气通道和排气通道是由过滤隔层分开的。

金刚砂制成的过滤隔层是多孔的，涂有氧化铝和氧化铈涂层。这个涂层上采用气化渗镀的方法镀上了贵重金属铂，铂用作催化剂。微粒过滤器中的氧化铈涂层降低了炭烟的点火温度，加速了与氧气的热反应。

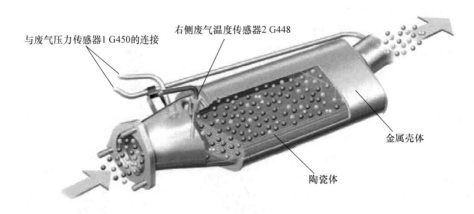

图 1-81 颗粒捕集器

含有炭烟的废气流经进气通道的多孔过滤隔层。废气中的气体能通过，但是炭烟颗粒就被留到进气通道内（图 1-82）。

2）还原反应。为了防止微粒过滤器被炭烟颗粒堵塞（那样就会影响其功能），必须定期进行还原反应。在还原反应过程中，微粒过滤器中积累的炭烟颗粒就被烧掉了（氧化掉了）。微粒过滤器是有催化剂涂层的，它的还原反应分为被动式还原反应和主动式还原反应。

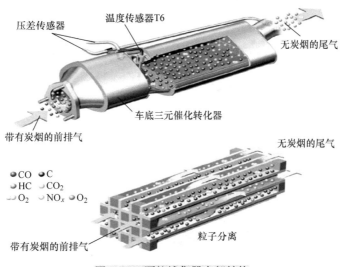

图 1-82 颗粒捕集器内部结构

① 被动式还原反应。在被动式还原反应过程中，发动机管理系统并不介入，但炭烟颗粒一直在被烧掉。这种情况主要发生在发动机负荷较高时，比如在高速公路上行驶时，以及废气温度在 350～500℃ 时。于是炭烟颗粒通过与二氧化氮反应，就转化成二氧化碳（0～500℃）时。

② 主动式还原反应。在城市循环工况（也就是发动机负荷较小）时，废气温度比较低，无法进行被动式还原反应。由于无法处理掉炭烟颗粒，炭烟颗粒就聚集在微粒过滤器中。一旦微粒过滤器中的炭烟颗粒达到一定量，那么发动机管理系统就会下令执行主动式还原反应。这个过程要持续 10～15min。炭烟颗粒在 600～650℃ 的废气温度下与氧气发生反应后烧掉，变成二氧化碳。

发动机控制单元有两个预先编好的计算模型，用于计算微粒过滤器的炭烟负荷（炭烟的积累程度）。其中一个计算模型是根据使用者的驾驶风格、废气温度传感器和氧传感器信号来确定的。另一个计算模型是流动阻力，是根据废气压力传感器 1、右侧废气温度传感器 2 和空气流量传感器来确定的。如果微粒过滤器中的炭烟负荷达到了极限值，那么就会下令执行主动式还原反应。下面的措施会使得废气温度有针对性地快速升至 600～650℃。在这个温度范围，微粒过滤器中积聚的炭烟颗粒就会氧化成二氧化碳。

3) 主动式氮氧催化转换器（图 1-83）。废气再处理系统的组成如下：DeNox（脱硝）催化转化器、还原剂喷射阀以及用于存储还原剂的箱子（带有还原剂供给单元和还原剂管）。DeNox 催化转化器（在氧化式催化转化器和柴油颗粒过滤器的下游）可以进一步降低氮氧化物的排放量。为此需要使用 32.5% 的尿素/水溶液作为还原剂，这种还原剂以非常小的剂量喷入排气系统中。

在发动机起动后数分钟，DeNox 催化转化器达到其正常工作温度（180℃ 的废气温度）。这个温度信息由废气温度传感器 4 G648（在 DeNox 催化转化器的上游）传给发动机控制单元 J623。温度超过这个数值后就可以喷射还原剂了。还原剂喷入很热的废气气流中后，水分首先汽化。

于是发生热解作用，尿素分解成异氰酸和氨气。只要有热的表面存在，异氰酸就会通过

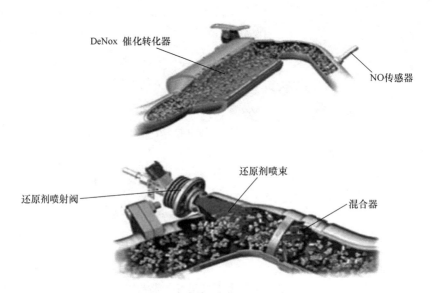

图 1-83 主动式氮氧催化转换器

水解作用转化成二氧化碳和氨。

这些反应过程所需要的水就是废气中的水，它是发动机燃烧过程的产物。一个分子的尿素可以产生两个分子的氨，氨用于催化转化器的还原反应过程。

7. 高压共轨喷射系统常见故障诊断分析

高压共轨系统由于大都采用的是精密偶件，对柴油品质要求较高。国内柴油品质参差不齐，常见由于柴油品质不良或是错加了汽油，导致高压系统整个损坏。所以无论在日常使用或是维修过程中都应确保柴油品质达标。其次柴油车产生炭烟颗粒排放物较多，容易出现颗粒捕集器堵塞或是节流阀以及 EGR 再循环控制阀由于积炭过多导致卡滞。

复 习 题

一、填空题

1. 进气增压系统有____种，分别是_____和_____。
2. 由废气驱动的是_____增压器，它的最高转速可以达到_____r/min。
3. 可变进气歧管由_____、_____、_____、_____组成。
4. 可变进气歧管在低速时采用的是_____，在高速时采用的是_____。
5. 常见可变配气相位有_____、_____、_____和_____。
6. 可变配气相位主要是改变_____，以达到_____、_____、_____和_____。
7. 可变气门升程既可以改变_____，又可以改变_____。
8. 缸内直喷系统有____种工作模式，分别是_____和_____。
9. 可调机油泵有两种形式，分别是_____和_____。
10. 发动机温度管理系统的核心作用是_____、_____和_____。

11. 车载自动诊断系统（OBD）根据发动机的运行状况随时监控_____是否超标，一旦超标，会马上发出警示。

12. 车载自动诊断系统主要监控对象有_____、_____、_____和_____。

13. 高压共轨燃油喷射系统由_____、_____、_____、带高速电磁阀的_____及_____相关传感器组成。

二、简述题

1. 涡轮增压器和机械增压器的优缺点有哪些？
2. 增压压力不足的可能原因有哪些？
3. 可变进气歧管的工作原理是什么？
4. 可变配气相位与可变气门升程的相同和不同之处有哪些？
5. 缸内直喷系统有哪些优点？
6. OBD系统是如何对失火进行监控的？
7. 检查高压电系统有什么要求？
8. 柴油机高压共轨喷射系统的特点有哪些？

第二章 底盘新技术

第一节 传动系统新技术

一、自动变速器（AT）

1. 自动变速器发展史

1940年，美国奥兹莫比尔汽车装上了第一台现代意义的自动变速器，这是一种横置式的双向串联式行星齿轮机构的液控变速器。1982年，丰田公司生产出第一台由微机控制的，装配在佳美四缸机上的A140E自动变速器。进入20世纪90年代，电控技术迅速发展，使自动变速器进入了一个新的阶段。控制单元可以学习、模拟驾驶人的驾驶习惯，自动修正控制指令，使汽车更加人性化。

21世纪初，新开发的自动变速器不仅前进档的档位增多了，有6速、7速和8速的轿车自动变速器。并且具有许多新的功能。

2. 奔驰722.9自动变速器

2003年，奔驰配置了7速722.9自动变速器，见图2-1。随后丰田公司为雷克萨斯配置了8速自动变速器，采用前、后两个行星齿轮组，前面是一组双向串联式行星齿轮机构，后面是一组拉维娜式行星齿轮机构，拉维娜式行星齿轮机构的内齿圈是动力输出端。其体积和丰田6速自动变速器相等，但加速性能、换档平顺性、节油等方面更加突出。

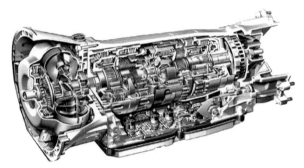

图2-1 奔驰722.9自动变速器

与电动燃油两用发动机匹配的则是电动自动两用变速器，即电动时表现为电动变速器，用汽油为动力燃料时表现为自动变速器。

（1）更多的传动比降低了油耗并提高了平顺性

奔驰722.9自动变速器由于具有7个档位，电子控制模块可以选择更多的传动比，加速性能好，使换档操作更快、更平稳，增加了乘坐舒适性。发动机转速与行驶状态的最优化匹配意味着发动机提高了燃油经济性，并降低了运行噪声，提高了平顺性。

装配新型变速器的发动机平均转速比装配5速自动变速器时低12%左右，从0~100km/h的加速时间可以缩短0.3s，每100km最大可节约0.6L汽油。今后自动变速器发展趋势是逐步向6速和7速变速器为主过渡。由于档位的增加，使驾驶人在任何条件下都可以选择最佳传动比，形成了更大的总传动比范围，各个传动比之间也比5速变速器更加接近。同时为了减轻重量，722.9 变速器的壳体首次采用了重量轻的镁合金。

（2）运用循环减档原理进行快速换档

奔驰 722.9 降档过程可以运用循环减档原理进行快速换档。从 7 速到 5 速、5 速到 3 速，进行跳档操作，实现从高档直接落到低档，以满足急加速要求，即在超车瞬间提速的需要。通过强制降档迅速加速时实际上只需要两次换档，而不是通常所需要的四次换档。随后丰田和 ZF 公司生产的 8 速自动变速器也采用了循环减档方式。

（3）增加了新的控制模式

1）下坡模式。具备下坡时为保持发动机制动作用，每踩一次制动踏板自动变速器自动退一个档位的下坡模式。

2）快放模式。为减少在市区行驶中的换档频率，具有放松加速踏板仍能保持原档位的快放模式。

3）自动驻车控制。具备短暂停车第一次踩制动踏板时自动锁定的自动驻车控制功能，更容易发挥出发动机的性能。

4）提前进入锁止工况。奔驰 722.9 可以在 1 档就进入锁止工况，而其他的自动变速器都是在 2 档或 3 档才能进入锁止工况。722.9 变速器所有 7 个前进档都可以进入锁止工况，汽车起步后就可以进入锁止工况。同时液力变矩器锁止离合器具有滑动控制功能，能够极为平顺地接合。在可能的情况下，锁止离合器在发动机和变速器轴之间建立了虚拟刚性连接，从而防止泵轮和涡轮之间的滑动，在广泛的运行状况中防止功率损失。这就避免了液力传递转矩时的动力损失，有效降低了输出功率的损失。

3. 液力自动变速器的局限性

（1）在没有进入锁止工况前油耗较高

在变速器中只有自动变速器使用液力变矩器。在未进入锁止工况前变矩器靠液力传递转矩，在油液传递动力的同时，由于油液分子间的摩擦使大量的动力转化为热量白白浪费掉了。而在市区行驶中大部分时间由于车速受限制，变矩器没有进入锁止工况，这就是自动变速器费油的原因。

（2）变矩器内输入轴进油孔没有滤清器保护

自动变速器有两个进油孔，一个在油底壳，有滤清器保护，另一个为变矩器内输入轴进油孔，没有滤清器保护。一旦发生离合器或制动器烧蚀，剥落的摩擦材料就会随润滑油进入变矩器内。在没有进入锁止工况前，输入轴进油孔通润滑油道，如果过多的粉尘堵塞润滑油道，会造成连续烧蚀同一组行星齿轮机构。在进入锁止工况后，输入轴进油孔通控制阀，如果粉尘进入控制阀，就会造成滑阀和电磁阀发生卡滞或电磁阀泄油滤网堵塞，导致一系列故障。所以一旦出现摩擦片烧蚀，必须彻底清洗变速器油道、蓄能器、变矩器和散热器。否则可能出现换档冲击或连续烧蚀行星齿轮机构。

无级变速器和双离合器变速器都只有一个进油孔，而且有滤清器保护，所以即使摩擦片烧蚀，也不会出现连续故障。

（3）大部分故障源于变速器油

1）更换变速器油必须严格按照厂家规定的型号，否则变速器会进入失效保护。如奔驰变速器如果加的不是奔驰专用液，除手动 1 档和倒档正常外，其余档位就只有一个失效保护档。大众和新款的丰田变速器如果加错油则会出现换档冲击。

2）油液在各种工况下，液面必须高于控制阀，低于旋转件。通用车系自动变速器如果少加了0.5~1.0L油就会没有倒档。大众车系自动变速器如果少加了0.5~1.0L油就会出现制动后需要等待30s才能重新起步的现象。油液液面过高，行驶中则会顺着油尺孔向外喷油，同时由于旋转件对油液的搅动，还会造成空气进入油中，造成工作油压不稳定。变速器上方的放气阀卡滞，随着变速器内温度升高，空气膨胀，使箱内压力同步升高，则会造成变速器油大量外泄。如一辆本田车在更换起动机时，缺乏经验的维修人员将变速器放气阀软管压在起动机下方，造成放气阀实际处于关闭状态，连续行驶20km后变速器油尺就被迸出。重新装入一个油尺，结果再次连续行驶20km后，打开发动机舱盖，发现油尺已经没有了。无独有偶，有一辆本田车变速器油液居然顺着变速器线束经过一年时间爬到变速器控制单元内。

3）油液使用时间过长、氧化、换油不彻底、过脏，造成电磁阀滤网堵塞、球阀卡滞、控制阀内滑阀卡滞、蓄能器滑阀卡滞等，最终导致出现换档冲击、变速器缺档、离合器或制动器早期磨损等一系列故障。

二、无级变速器（CVT）

1. CVT的发展历史

1958年，荷兰的DAF公司研制成功了名为Variomatic的双V形橡胶带式CVT，并装备于DAF公司制造的轿车上，其销量超过了100万辆。1998年，日产公司开发了一种为中型轿车设计的包含手动换档模式的CVT。新型CVT采用一个最新研制的高强度金属带和一个高液压控制系统。金属带由高强度柔性金属带与V形金属推块组成，呈现V形，材质具有极高的硬度及耐磨性，V形金属推块叠串于柔性金属带上，形成驱动金属带。金属带不会滑动和伸展，而且高度耐用，使CVT可以承受更大的发动机转矩。目前全球仅有日本、德国拥有这种车用变速器的核心技术。

2. CVT的结构组成

CVT内部结构如图2-2所示。

3. CVT工作原理

（1）前进档和倒档间的转换

无级变速器前端是行星齿轮机构，由太阳轮、行星轮和齿圈组成。其中太阳轮通过内花键与输入轴相连，齿圈与前进档离合器相连。

CVT有一组前进档离合器和一组倒档制动器，挂前进档时前进档离合器将太阳轮和行星轮连接在一起，行星齿轮机构任意两个元件连接在一起为直接档，于是变速器的输入轴和发动机曲轴同步同向旋转，如图2-3所示。

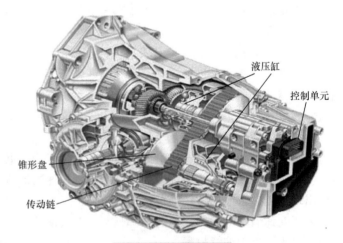

图2-2 CVT内部结构

挂倒档时倒档制动器固定住行星架，于是行星轮只能自转，不能公转，太阳轮输入，齿圈输出，形成减速倒档，如图2-4所示。

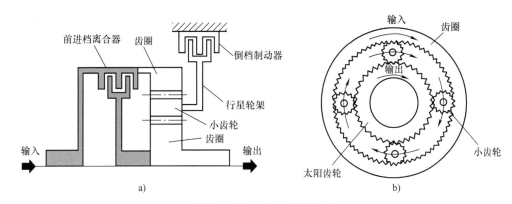

图 2-3 CVT 变速器前进档输出

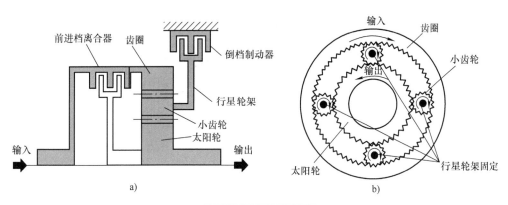

图 2-4 CVT 倒档输出

（2）传动比转换

无级变速的基本原理是用金属的链条在两个可变直径的锥形盘之间传动，而锥形盘的间距可由油压控制。起步时主动锥形盘液压缸没有油压，锥形盘直径在最小端，从动锥形盘液压缸压力在最高状态，所以锥形盘直径在最大端；随着车速的上升，主动锥形盘后侧液压缸压力逐步升高，向中部移动，盘凹槽逐渐变小，直径随之逐渐增大，从动锥形盘前侧液压缸压力同步减小，向外侧移动，锥形盘凹槽逐渐变大，直径随之逐渐同步变小，而链条的长度保持不变。当汽车慢速行驶时，可以令主动盘的凹槽宽度大于被动盘凹槽，主动盘的钢带圆周半径小于从动盘的钢带圆周半径，即小盘带大盘，因此能传递较大的转矩，有良好的加速性能。当汽车逐渐转为高速时，主动盘的一边轮壁向内靠拢，凹槽宽度变小迫使钢带升起，直至最高顶端，而从动盘的一边轮壁刚好相反，向外移动拉大凹槽宽度迫使钢带降下，即主动盘钢带的圆周半径大于从动盘钢带的圆周半径，变成大盘带小盘，因此能保证汽车高速时的速度要求。因为链条在两个锥体上绕过不同的周长就可实现不同的传动比，而且可以实现在一定范围内任意的传动比，所以是无级变速，见图 2-5。

1) 低速档液压控制（图 2-6）。
2) 高速档液压控制（图 2-7）。

4. CVT 的优缺点

（1）优点

无级变速器最大的优点就是"不知不觉的换档"，让你开车再也没有顿挫感，克服了普

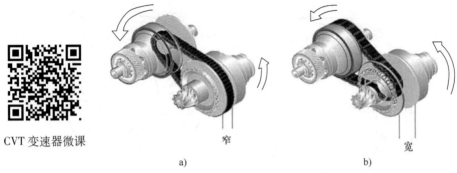

CVT 变速器微课

a) 窄 b) 宽

图 2-5 CVT 传动比切换

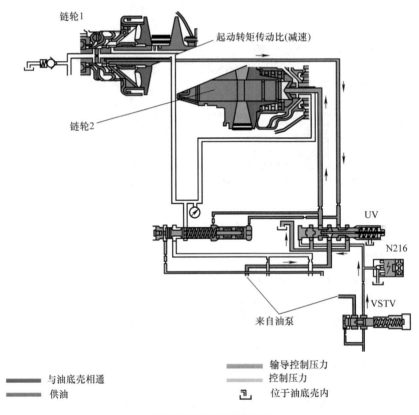

图 2-6 低速档液压控制

通自动变速器突然换档、加速踏板反应慢、油耗高等缺点。德国著名的变速器生产厂家 ZF 公司称：与四档自动变速器相比，CVT 系统能够将加速性能提高 10%，与有变矩器锁止离合器的自动变速器相比，燃油经济性提高 10%～15%。

（2）缺点

无级变速器的缺点是因为电器部件和液压控制系统通常需要整体更换，所以维修成本较高。由于靠传动带或链条传递动力，无法满足高性能汽车的高转矩要求。无级变速器的制造难度在传动带上，传动带分为橡胶带（早期）、金属带和金属链 3 种，目前世界上只有少数几家公司拥有其制造技术。

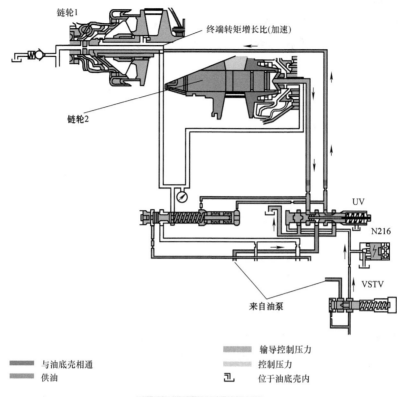

图 2-7 高速档液压控制

CVT 最明显的缺点就是无法满足高性能汽车的高转矩要求，一旦油泵齿轮发生早期磨损，传动带会因张紧力矩不足，造成打滑而发生早期磨损，不能承受较大的转矩。目前 CVT 应受零部件限制，维修采取集中定点修理，电子控制系统和液压控制系统通常采取整体更换，所以维修成本较高。如日产的无级变速器油液位过低，会导致传动链与锥形盘严重磨损，造成明显的异常响声。

5. CVT 变速器常见故障诊断分析

1）变速器在倒档或 D 位起步时抖动。类似问题在 CVT 使用里程超过 10 万 km 后较为常见。主要是由于前进档或是倒档离合器的摩擦片过度磨损导致，一般更换相关离合器修理包即可解决问题。需要注意的是更换相关离合器修理包后，必须用诊断仪进行离合器驱动匹配，才能使变速器起步时的平顺性达到最佳。

2）变速器行驶中有耸车现象。此故障多表现在某一车速下急加油时变速器有明显耸车现象。故障原因是因为驱动链轮（锥形盘）的压紧力不够，使驱动链条存在打滑现象并拉伤锥形盘。目前大都采用更换损伤的锥形盘（输入或输出链轮）总成和液压控制单元来解决问题。对于锥表盘拉伤的变速器维修时一定要更换变速器 ATF 滤清器和彻底清洁 ATF 油道和 ATF 散热器，否则可能再次发生类似故障。

3）变速器异响。表现为变速器在正常行驶过程中有"嗡嗡"异响，车速越快异响越明显。常见变速器异响原因为输出或输入链轮轴承损坏或是输入或输出链轮轴颈产生麻点。售后维修通过更换损伤的轴承或是重新给损伤轴颈加套来维修。

6. 典型案例

车型配置：奥迪 A6 2.0T，装配 01J 无级自动变速器。

故障现象：行驶过程中变速器突然出现耸车，仪表变速器警告灯点亮。

诊断排除过程：

该车装配变速器为 01J 型无级自动变速器，用诊断仪检查，在"02 变速器控制单元"内有故障码"P178F 压力调节阀污染/静态"。做引导型测试计划，根据诊断提示控制阀体存在卡滞现象，需更换液压控制体总成。

更换液压阀体总成，并执行至少 3 次变速器液压系统冲洗；更换变速器滤清器，并做离合器驱动匹配。该故障主要是由于未定期更换变速器油或更换的变速器油品质不达标，导致液压控制阀体内的阀套和阀芯产生拉伤和卡滞。

三、双离合器变速器（DSG）

1. DSG 的发展史

DSG 是 "Direct Shift Gearbox" 的英文缩写，中文意思是"直接换档变速器"，最早是 1940 年加尔奇阿道夫构思了双离合器变速器的设想，但一直到 1976 年汽车工程界才设计出第一个双离合器变速器，试装在第一代高尔夫上，但并没有引起业界注意。一直到 1985 年，双离合器变速器配置到保时捷赛车，并于 1986 年凭借着这一新技术夺得了蒙扎 1000km 世界跑车原型车锦标赛的桂冠。由于双离合器变速器消除了换档离合时的动力传递停滞现象，其优越的加速性能被凸现出来。由于双离合器变速器结构简单，换档迅速且能够传递大转矩，在节能和动力传递方面都有不错的表现。现在越来越多的汽车厂商都推出自己的双离合器变速器。

2. 双离合器结构组成（图 2-8）

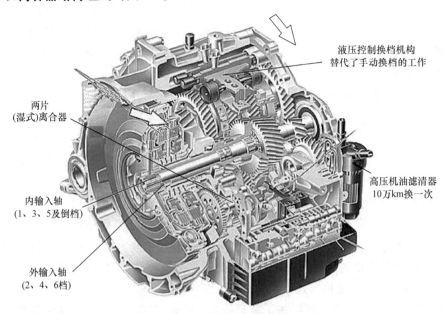

图 2-8 双离合器剖视图

3. DSG 的档位更换

双离合器变速器，顾名思义，就是一台变速器使用了两个离合器，每个离合器单独运转，一个直径大的离合器控制奇数档位和倒档，另一个直径较小的离合器控制偶数档位（图 2-9）。

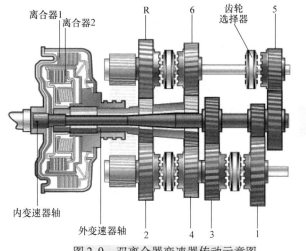

DSG 变速器微课

图 2-9 双离合器变速器传动示意图

当汽车正常行驶时，一个离合器与变速器中的某一档位相连，将发动机动力传递至驱动轮，与此同时，控制单元根据车辆行驶速度和发动机转速对驾驶人的换档意图进行预先判断，"预见性"地控制另一个离合器与变速器中下一档位的齿轮组相连，即可以使变速器相邻两个档位的齿轮同时啮合，在没有负荷的情况下进入"预接合"状态，负责连接该轴的离合器仍处于分离状态，尚未进行任何动力传输。即加速时让高速档提前啮合，减速时让低速档提前啮合，如车辆进入 2 档后，如果继续加速，3 档齿轮就预挂上，到了 3 档的车速就通过两组离合器之间切换完成换档。前一个离合器还没有切断时，后一个离合器已经准备好进入，使变速反应十分灵敏。

各档传动图线如下：

1）一档传动路线如图 2-10 所示。

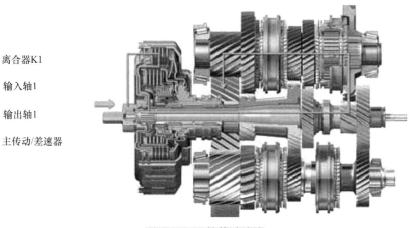

图 2-10 一档传动路线

2)二档传动路线如图2-11所示。

离合器K2
输入轴2
输出轴1
主传动/差速器

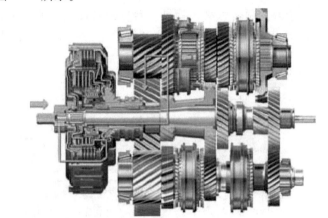

图2-11 二档传动路线

3)三档传动路线如图2-12所示。

离合器K1
输入轴1
输出轴1
主传动/差速器

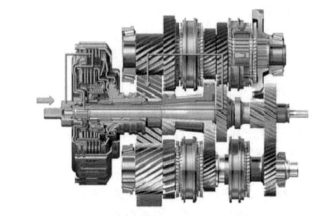

图2-12 三档传动路线

4)四档传动路线如图2-13所示。

离合器K2
输入轴2
输出轴1
主传动/差速器

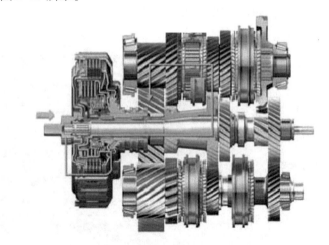

图2-13 四档传动路线

5）五档传动路线如图 2-14 所示。

离合器K1

输入轴1

输出轴2

主传动/差速器

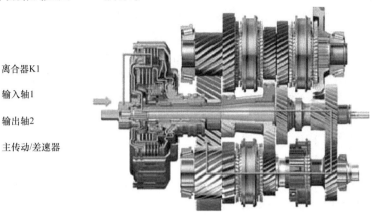

图 2-14　五档传动路线

6）六档传动路线如图 2-15 所示。

离合器K2

输入轴2

输出轴2

主传动/差速器

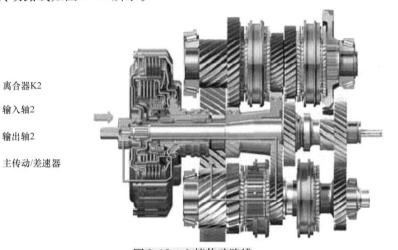

图 2-15　六档传动路线

7）倒档传动路线如图 2-16 所示。

离合器K1

输入轴1

输出轴2

主传动/差速器

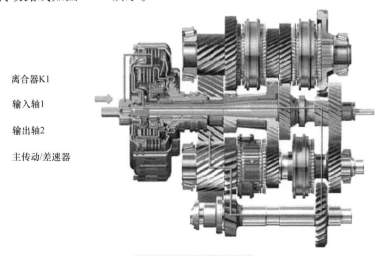

图 2-16　倒档传动路线

4. DSG 的特点

双离合器变速器不需要变矩器，也就没有液压传递转矩的动力损失。它基于机械变速器结构，继承了其高传动效率的优点，在换档过程中对牵引力几乎没有影响，微小的液压功耗损失和极短的换档时间，产生无间歇的动力输出，使整个换档过程达到了高效率，从而降低了燃油能量的损耗，自然就提高了加速性和车辆燃油经济性。DSG 能缩短变速延时，实现快速变速，由于换档过程不用中断动力传递，换档时间只是手动变速器的 1/2，车辆在加速过程中没有动力中断的感觉，换档的平顺性犹如无级变速器，使车辆加速更加强劲和圆滑，100km 加速时间明显好于手动变速器。

干式双离合器变速器通过离合器从动盘上的摩擦片来传递转矩，湿式双离合器变速器的转矩传递是通过浸没在油中的湿式离合器摩擦片来实现的。由于节省了相关液力系统以及干式离合器本身所具有的传递高转矩的性能，干式系统很大程度上提高了燃油经济性。相关数据统计显示，同样是 77kW 的发动机，配备 7 档干式 DSG 的要比 6 档湿式 DSG 节省超过 10% 的燃油。

5. DSG 常见故障与诊断分析

双离合器变速器有两套输入离合器，当变速器控制单元识别出现特定系统故障时，会关闭相应的子系统，并起动紧急运行程序（以功能正常的子系统行驶）。此时变速器理论上只有正常工作的变速器档位可用，如变速器离合器 K1 可以正常工作，那么可用档位是 1 档和倒档，3 档和 5 档可能由于 K2 离合器的缺失而无法正常工作。

（1）双离合器变速器常见故障

1）双离合器变速器过度磨损，可能导致变速器在某一离合器接合时出现抖动或是打滑现象；严重时可能关闭该子系统。此类故障的诊断可以通过诊断仪读取数据块来分析离合器是否存在打滑现象；或是通过路试检查故障是否单出现在某一离合器所负责的档位上。当然引起离合器故障的原因既有离合器过度磨损，也有液压控制机构压力异常和电子控制系统故障，需通过具体诊断测量来确定。

2）双离合器变速器换档品质差。此类问题是双离合器变速器普遍存在的问题，干式双离合器变速器换档品质更差一些。故障主要表现为在换档过程中有顿锉感或迟滞性，这类问题主要是由液压控制阀体或是变速器系统软件所致。如通过重新匹配离合器啮合点和软件升级仍不能消除故障，一般只能通过更换机电控制单元来解决问题（双离合器变速器液压控制阀体和变速器控制单元集成在一起）。

3）双离合器变速器异响。由于双离合器变速器采用和手动变速器一样的齿轮传动机构，在不利的条件下变速器内部可能存在同步环之间振动异响。此类问题在干式双离合器变速器上更为突出，目前主要是通过改变换档时刻来避免产生共振。其他异响主要是干式双离合器接合时产生异响或是变速器轴承产生异响。

（2）双离合器变速器维护保养注意事项

目前干式双离合变速器大都采用的是终身免维护变速器油，而湿式双离合器变速器采用的是每 6 万 km 更换变速器油。一定要按厂家要求定期更换变速器油，否则可能出现因油品不良导致变速器一系列故障。对于干式双离合器变速器，在坡道或复杂路况下，频繁起步或换档有可能使离合器摩擦片出现打滑现象，建议在类似路面可以选用手动换档模式减少换档和半离合次数。

6. 典型案例

车型配置：奥迪 Q5 2.0T，装配 0B5 七档双离合器变速器。

故障现象：客户反映行驶过程中变速器故障灯突然点亮，之后只有偶数档，倒档时深踩加速踏板才能行驶。

诊断排除过程：用诊断仪检查"02 变速器"内有故障码"P174B00 变速器部分 4 中的阀 1 电气故障和 P17D400 离合器切断阀机械故障"，初步分析是滑阀体上的电磁阀 N436 线路故障或是电磁阀本身故障。电磁阀 N436 用于变速器内的压力调节，控制 K1 离合器切断 1、3、5、7 档。

由于电磁阀阀板和控制单元一体，不能单独更换，更换机电控制单元总成，并且做变速器档位和离合器驱动匹配后变速器故障成功解决。

第二节　行驶系统新技术

一、电控悬架系统

主动悬架安装了能够变换高度和硬度的装置，采用一种以力抑力的方式来抑制路面对车身的冲击力及车身的倾斜力。由于这种悬架能够自行产生作用力，称为主动悬架。

主动悬架具备以下 3 个条件：①具有能够产生作用力的动力源；②执行元件能够传递这种作用力并能连续工作；③具有多种传感器并将有关数据集中到控制单元进行运算并决定控制方式。因此，主动悬架汇集了力学和电子学等方面的技术知识。

1. 电控液压悬架

电控液压悬架是一种主动悬架，早在 20 世纪 50 年代初就将该类悬架运用在当时的雪铁龙 15 车型上，不过真正实现量产则是在稍后推出的 DS 车型上。1993 年，雪铁龙 XANTIA 车型搭载了第二代主动液压悬架，一上市便受到市场的肯定。新一代的悬架提高了控制单元计算速度，并且还提供舒适和运动两种模式。电控液压悬架结构组成见图 2-17。

内置式电子液压集成模块是系统的枢纽部分，它根据车速、减振器伸缩频率和伸缩程度的数据信息，通过增减液压油的方式实现车身高度的升或降，也就是根据车速和路况自动调整离地间隙。

车身高度在城市道路及车速低于 110km/h 时为标准高度。当车速超过 110km/h，电子液压集成模块就会使车前部降低 15mm，车后部降低 11mm，使离地间隙缩小，整车重心降低，增强了行驶的平稳性，同时也降低了正面迎风阻力。当车速逐渐减速小于 90km/h 时，车身恢复原态（标准高度）。如果路况恶劣，崎岖不平，且车速低于 70km/h 时，车身高度可升高 13mm，以增大离地间隙，防止"拖底"。

电子控制的主动式液压悬架能根据悬架的质量和加速度等，利用液压部件主动地控制汽车的振动。在汽车重心附近安装有纵向、横向加速度和横向偏摆率传感器，用来采集车身振动、车轮跳动、车身高度和倾斜状态等信号，这些信号被输入到控制单元，控制单元根据输入信号和预先设定的程序发出控制指令，控制伺服电动机并操纵前后四个执行液压缸工作。

2. 电控空气悬架

空气悬架多为铝合金壳体，内侧装有压缩空气或惰性气体氮气（图 2-18）。空气弹簧缓

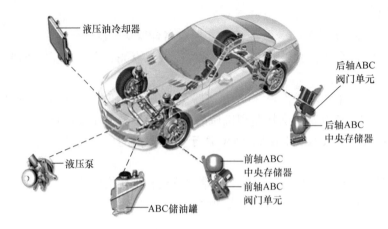

a) 奔驰电控液压悬架液压装置

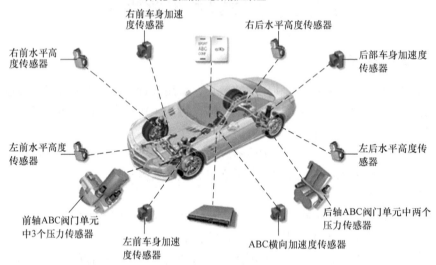

b) 奔驰电控液压悬架电子装置

图 2-17 电控液压悬架结构组成

冲和减振均好于液压式减振器。空气弹簧压缩行程较大，四个车轮内侧装有车身高度、加速度传感器，转向盘与转向开关之间装有转向盘转角传感器，变速器上装有车速传感器，制动主缸或 ABS 液压调节器内装有制动开关，车身控制单元可根据路况、车速、转弯和制动等因素自动调节车身高度和硬度。例如，奔驰 2000 款 CL 型跑车，当车辆转弯时，悬架传感器会立即检测出车身的倾斜和横向滑移距离，控制单元根据传感器的信息，与预先设定的临界值进行比较计算，立即确定在什么位置上将多大的负载加到悬架上，使车身的倾斜减到最小。

在电子控制的主动式空气悬架系统中，微机根据传感器送来的信号和驾驶人给予的控制模式经过运算分析后向悬架发出指令，悬架可以根据微机给出的指令改变悬架的刚度和阻尼系数，使车身在行驶过程中保持良好的稳定性能，并且将车身的振动响应控制在允许的范围内。一般说来，主动式空气悬架的控制内容包括车身高度、减振器衰减力、弹簧弹性系数三项。

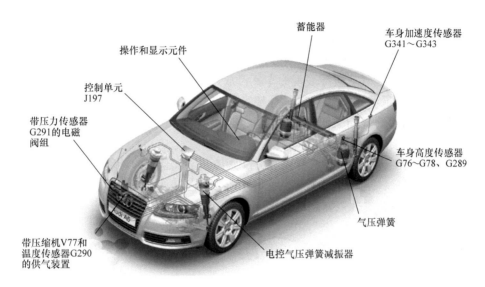

图 2-18 奥迪空气悬架

(1) 空气悬架电子控制系统的工作原理

用空气压缩机形成压缩空气,并将压缩空气送入弹簧和减振器的空气室中,以此来改变车辆的高度。在前轮和后轮的附近设有车身高度、压力传感器,按车身高度传感器的输出信号,微机判断出车辆高度,再控制压缩机和排气阀,使弹簧压缩或伸长,从而控制车辆高度。

1) 以奥迪 A8L 为例,介绍空气悬架底盘调整策略。通过调节可以实现四种不同的高度。从基本高度出发可以将车辆的高度举升 25mm,调节到 Lift(举升)位置;如果车速达到或超过 100km/h,那么会自动脱离 Lift(举升)位置(车速不高于 80km/h 可以选择该模式)。如果激活了 Dynamic(动态)模式,那么高度会降低 10mm。如果以 120km/h 连续行驶 30s,那么在 Automatic(自动)和 Dynamic(动态)模式时还要降到高速公路模式(比基本高度低 20mm)。在 Comfort(舒适)模式下不会下降到高速公路状态。如果车速低于 70km/h 长达 120s,或者低于 35km/h,那么会自动脱离高速公路模式。如果激活了 Comfort(舒适)模式,那么设置的就是基本高度,同时配以以舒适为目的的减振器调节特性。如果通过 ESP 按键接通了 ESP 运动模式,那么当车速超过 140km/h 时该模式自动关闭,并接通 ESP 全功能模式。

2) 调节特点。

● 车辆在行驶过程中的调节过程,对于前桥来说涉及车桥中心,对于后桥来说是两个车轮同时调节。

● 调节过程对于前桥和后桥都是两个车轮同时调节,以便在较高的精底调节位置。

● 在关闭点火开关后,控制单元仍保持激活 60s,等待其他输入信号。如果没有输入信号,那么就进入了省电的休眠模式。在接通休眠模式后 2.5h 和 10h 各检查一次车辆水平位置。为此控制单元 J197 会短暂地给水平位置传感器供电,并读取其测量值。如果控制单元 J197 识别出有调节要求,那么就会检查蓄能器内的压力是否足够(至少要比将要进行调节的空气弹簧的压力高出 300kPa）；如果蓄能器的压力太低，就不能进行调节了。在防盗报警已激活的情况下，升高过程调节中，车辆倾斜不超过 0.3°。

- 下降时先降前悬架，再降后悬架；上升时先升后悬架，再升前悬架。

（2）空气悬架常见故障现象与诊断分析

1）空气悬架系统漏气。故障表现为车辆停放一段时间后，出现车身倾斜或前空气悬架或后空气悬架落到最低状态。如果空气悬架突然间漏气过大，则会导致空气悬架无法调节（由于空气压缩机温度过高而关闭）。

① 常见空气悬架的漏气原因有：
- 空气管路漏气，尤其是空气管路在分配阀体和空气悬架的接口处容易漏气。
- 空气弹簧漏气，主要是橡胶开裂或是与减振器密封不良。
- 分配阀体自身漏气，主要是气管接口或是阀体内部密封不严。

② 空气悬架漏气特点：
- 在温度较低时停放时间较长，一般是空气弹簧自身受热胀冷缩原因导致密封不良漏气。
- 如果是空气悬架管路漏气，一般是车身两前或两后降到相同高度；如两侧都降到低位，但一侧相对更低一些，则表明该侧空气弹簧漏气。因为每个空气弹簧上都有一个机械式剩余压力保持阀，可以保证空气悬架内至少有 350kPa 的压力（部分车型是 300kPa）。在这种情况下，空气悬架是不会完全降到最低的。
- 分配阀漏气，可以通过使用肥皂水来检查是否漏气，如果漏气轻微可以采用备件替换法来排除（分配阀在空气悬架系统里成本较低）。空气弹簧漏气也可以使用压缩空气向浸在水中的空气弹簧总成进行打压测试，一般车间压缩空气的压力不超过 800kPa，不会对空气弹簧本身造成损伤。

2）空气悬架无法升降。故障表现为空气悬架无法按照客户意愿升降，同时可能伴有仪表空气悬架警告灯点亮的现象。

空气悬架无法升降的可能原因有：
- 车身高度传感器信号失真，包括传感器安装不到位、松动，传感器线路故障和传感器本身故障。
- J197 损坏，这种情况分为有明显的故障码指向控制单元损坏；也有无故障码但功能失效，通过对调控制单元后故障排除。
- 空气压缩机控制继电器损坏，包括触点烧蚀、针脚腐蚀或弯曲；当更换空气压缩机时，必须同时更换继电器。
- 空气压缩机故障，可能有故障码"062F08 探测到系统泄漏 主动/静态"；检查整个系统无泄漏，对调压缩机后故障排除。
- 空气悬架系统进水，由于结冰导致无法升降。更换压缩机前必须清理整个管路，保证系统中没有水存在。
- 其他电器故障，根据引导性故障查询确认故障原因后进行更换。
- 空气悬架系统更换或拆装了相关部件没有按规定进行水平高度自适应学习。如拆装了下部横摆臂、拆装了水平高度传感器、更换了副车架、更换了 J197。
- 运输模式没有解除或是举升模式没有解除（也叫更换轮胎模式）。

此类故障是在确保空气悬架系统没有漏气的前提下进行分析的。主要诊断方法是通过和客户沟通，了解故障发生时的详细信息并查询近期的维修记录，结合诊断仪检查出来的故障码和相关数据流做进一步的分析。常见故障现象有车身高度传感器因事故或其他原因拆装后没有进行水平高度传感器的自适应学习、空气压缩机继电器由于使用频繁触点烧蚀损坏、空气压缩机由于漏气。

（3）典型案例

车型配置：奥迪 C6L 3.0T，装配自适应空气悬架。

故障现象：车辆经常停放一晚后前空气悬架降到低位。

诊断排除过程：

客户反映车辆经常停放一晚后前空气悬架就落到最低了，但只要一起动发动机，马上空气悬架就可以升到正常工作位置。用 VAS6150B 检查相关系统无故障存储记录，在这种情况下决定留车观察。但留车一晚后第二天空气悬架并没有落下。由于客户不能长时间留车观察，在初步检查空气管路的接口没有漏气的情况下，分析可能原因是分配阀或是空气弹簧存在漏气。

尝试给客户更换分配阀，客户行驶 3 天后反映空气悬架又降到最低了。在和客户协商后决定留车在服务站检查，经和客户了解得到客户车辆一般放在室外，而上次在服务站是放在车间，在温度上有一些差别。将车辆停在室外，到第二天一看果然两前空气悬架降到最低。起动发动机后空气悬架很快升到正常高度，查询相关系统仍无故障码存储。由于分配阀已更换，未能解决问题，说明故障原因可能是空气管路或是空气弹簧本身；由于之前已检查过空气管路，所以重点检查空气悬架。将两前空气悬架置于水槽中，用车间压缩空气打压，结果没有发现有明显的漏点（车间压缩空气压力大约是 700kPa）。

将空气悬架再次装复，此时车间里其他工作人员都已经下班。在左前和右前空气悬架处检查时，听到有"嘶嘶"的漏气声。仔细听确认是右前空气悬架处发出的漏气声，但空气悬架装在车上没有合适的检查方法。在空气悬架降到低位后，反复检查空气悬架时发现左前空气悬架要略高 2~3cm，从侧面可以完全看到轮胎；而右前悬架则下降较多，轮胎已被右前翼子板挡住并不能全部看见。从这一个细节证明确实是右前空气弹簧本身漏气。定购一个新的右前空气悬架总成（空气弹簧和减振器），更换后客户使用 1 个月故障没有再次出现，至此故障排除结束。

3. 电磁悬架

电磁悬架系统主要由日本的日立制作公司和美国德尔福公司研发和生产，最初主要用于法拉利 599 系统、凯迪拉克赛威轿车和奥迪 TT 车上。系统主要包括加速度传感器、圆筒形线性电动机、油压减振器和弹簧组成的有源悬架。由于使用了油压减振器和线性电动机，与单用油压减振器的系统相比，既提高了响应速度，也可提高舒适性。为了检测路面的状态输入，采用了上下方向的加速度传感器和悬架行程传感器，可根据路面的状态输入，控制装在悬架上的线性步进电动机，减轻车辆上下的振动。与原来的油压式有源悬架相比，该系统完成作用力检测之后能够更快地减轻振动。不仅如此，由于它利用线性电动机进行控制，无须使用油泵。

电磁悬架系统是目前全球反应速度最快的阻尼控制悬架系统，反应速度越快，乘坐舒适性越好。它利用电极来改变减振筒内磁性粒子液体的排列形状，控制单元可在 1s 内连续反应1000次。例如,赛威轿车中控触摸屏上有一组行驶模式选择按键:"舒适模式"和"运动模式"。在运动模式下,乘员能明显感觉到悬架较硬,尤其是转弯和制动时感觉明显。而调整至舒适模式下,悬架又变软了,即便遇到了紧急制动,也不会觉得座下磕绊。电磁悬架系统工作原理见图2-19。

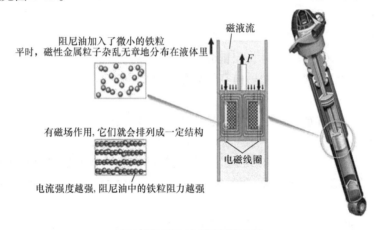

图2-19 电磁悬架工作原理

二、轮胎智能监视系统

轮胎智能监视系统避免了因轮胎亏气出现的行车跑偏和轮胎损现象,有效防止爆胎,有效降低燃油消耗,可以确保车辆最佳操控性能,避免车辆部件非正常磨损。另外,在高速行驶时对乘坐者安全也是一种保障。在我国,高速公路上发生的交通事故有70%是因爆胎引起的,而在美国这一比例则高达80%。怎样防止爆胎已成为安全驾驶的一个重要课题。驾驶人可以通过车内提示警告系统来判断轮胎胎压情况是否正常。

1. 轮胎压力智能监视显示系统

轮胎压力智能监视显示系统是通过汽车ABS的轮速传感器来比较轮胎之间的转速差别,以达到监视胎压的目的,见图2-20。轮胎压力监测显示是ABS控制单元的一个软件功能,它通过计算ABS传来的数据,识别每个轮胎的胎压故障。驾驶人自己将气压充到标定的气压值,然后按压一个按钮使系统学习标定值。

图2-20 轮胎压力智能监视显示系统

(1) 工作原理

轮胎压力监控显示系统使用防抱死系统的数据,根据轮胎的滚动周长与参照值进行对比。对比两个数值之间的微小变化可以识别出轮胎失压,参考值是在系统自学习过程中根据实际行驶数据计算出来的。在识别出轮胎失压时,驾驶人会看到组合仪表上的轮胎压力警告灯常亮,并有一声锣声。在系统重新校准前该警告灯一直亮着(图2-21)。

上海大众新途安RKA+智能胎压监测系统通过对比监控各车轮转速及振动频率,发现漏气轮胎并及时通过仪表板报警,避免危险事故发生。每次轮胎充气或更换后,通过按中控台上的"SET"键，即可自动完成系统的重新设定。

（2）工作特点

车辆静止时无法提供轮胎压力监控；缓慢失压不能立即识别到，在行驶一段距离后方可识别。

（3）常见故障分析

图 2-21　轮胎压力智能监视显示警告灯

当出现胎压警告灯点亮时，首先应检查所有轮胎气压是否正常；如胎压正常，应先存储胎压并进行路试，验证故障是否仍然存在。胎压正常存储后仍有报警现象存在，就检查 ABS 是否存在故障。由于胎压监控显示系统是建立在 ABS 正常工作基础上的，当 ABS 有故障时，胎压监控显示系统也无法正常工作；这种情况应先排除 ABS 所有故障，然后存储胎压再进行路试验证故障。

2. 第二代轮胎智能监视系统

第二代轮胎智能监视系统（TPMS）在每个轮胎上均装有传感器/发射器。轮胎压力监测系统的检测模块由射频发射芯片、发射微处理器、压力传感器、温度传感器、电源管理单元 5 个部分配接组成；接收模块由射频接收芯片、接收微处理器、报警单元、显示单元及 CAN 总线接口 5 个部分配接组成。

系统能够精确地测量每个轮胎的气压和温度，并将这些信息通过无线信号传输到安装在车内的接收器上，通过警告灯和驾驶人信息台告诉驾驶人。只要起动点火，每个轮胎就被"唤醒"，并在驾驶人开动汽车之前汇报轮胎上的状态信息。在整个行程中，轮胎将保持"唤醒"状态并定期更新状态信息。如果出现压力骤降情况，轮胎将自动将该信息传给驾驶人，而无须进行先期唤醒。

驾驶人能利用仪表板上的图标显示或虚拟汽车，获得轮胎压力、温度方面的信息，包括"轮胎气压超过设定上限值时报警；轮胎气压低于设定下限值时报警；轮胎温度超过设定警戒值时报警；当制动不平衡时进行提醒（专利技术）"。

轮胎智能监视系统产品模块化设计，能根据不同用户的需要量身定制。用户可以选择基本的接收器，提供轮胎压力不足的预警和报警；也可以根据需要添加实时全功能显示器，既提供轮胎压力的数据，也提供轮胎的温度数据。第二代轮胎智能监视系统的组成见图 2-22。

（1）工作原理（图 2-23）

以奥迪车型为例，轮胎压力监控系统是一种四轮系统，备胎由控制单元管理和监控。从车轮传感器到控制单元是通过高频无线信号进行传输的，车辆外围的信息交换是通过舒适总线实现的。每个气门嘴上装有一个轮胎气压测量和发送单元，该单元以固定的时间间隔向安装在翼子板上的轮胎

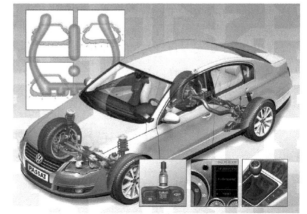

图 2-22　轮胎智能监视系统组成

压力监控天线和轮胎压力监控单元发送无线电信号。轮胎压力监控控制单元分析轮胎充气压力和压力的变化情况,将相应的情况发送给组合仪表进行显示。

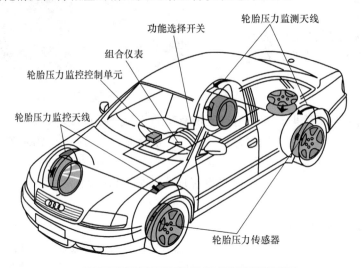

图 2-23　轮胎智能监视系统信号传输原理

（2）工作特点

该系统可以在车辆行驶和静止时持续监控轮胎压力。

（3）常见故障现象与诊断分析

第二代胎压监视系统故障诊断与第一代基本相同,首先需要做的是确保轮胎气压正常;然后存储胎压进行路试。如故障不能排除,则需要通过诊断仪读取相关系统故障码和数据流进行综合分析判断。需要注意的是,每当更换传感器或进行轮胎换位后,都必须执行传感器读入程序。一旦读入模式被起动,每个传感器的唯一识别码可以读入到天线模块的存储器中。当一个传感器的识别码已读入时,天线模块会发送一个串行数据信号到仪表板集成模块（DIM）中,使喇叭发出 1 声鸣响,表示传感器已经发送了其识别码。这可有效防止系统接收错误信息。

3. 典型案例

车型配置：迈腾轿车,装配 1.4T 发动机。

故障现象：因轮胎漏气,补胎后仪表胎压警告灯一直点亮。

诊断分析：从客户描述分析,应该是补胎时调节了轮胎气压而没有进行存储导致胎压监控显示系统无法正常工作。

排除过程：重新按标准调节四轮气压,并存储当前胎压后故障排除。

第三节　电控助力转向系统新技术

一、电控液压助力转向

1. 转向助力系统的发展历史

美国通用公司在 1953 年率先在别克轿车上采用了液压助力转向系统。但是,液压助力转向系统无法兼顾车辆低速时的转向轻便性和高速时的转向稳定性。低速时不够轻便,高速时的转向过于灵敏是液压助力转向系统的致命伤。

因此在 1983 年,日本光洋精工株式会社推出了具备车速感应功能的电控液压助力转向系统,见图 2-24。这种新型的转向系统可以随着车速的升高提供逐渐减小的转向助力,但是结构复杂、造价较高,而且无法克服液压系统自身所具有的许多缺点,是一种介于液压助力转向和电动助力转向之间的过渡产品。

2. 机械泵液压转向的局限性

1)液压助力转向系统为了防止转向油软管内层剥落,堵塞油道,每 2 年或 40000km 就必须更换一次转向油软管,维护成本比较高。

2)液压助力转向系统的油泵有机械式和电子式两种,如通用公司为机械式,转向盘转到止端后,如停留压力就会直线上升,一直到无穷大。因此转向盘转到止端后停留时间不得超过 5s,否则因压力过高,容易造成发动机熄火或液压系统泄漏,严重时会造成转向油软管爆裂。

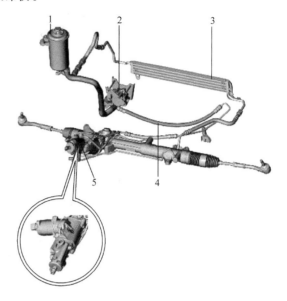

图 2-24 电控液压助力转向系统
1—液压油储罐 2—液压泵及 ECO 阀
3—转向助力系统液压油冷却器 4—液压软管
5—转向器及执行单元

3)向机械泵一般由发动机传动带驱动,无论车辆是否需要转向助力,总是要消耗一定的发动机功率,不利于节能减排。

3. 电子泵的优点

日产汽车率先推出由蓄电池提供电源的电子泵液压助力转向系统——电控 - 液压助力转向系统,是世界上第一款只有当驾驶人转向时才会起动电动油泵的产品。系统零部件高度集成化,与传统的机械泵式电控液压助力转向系统相比,体积明显缩小。随后法系车也使用了电子泵液压助力转向系统。

1)和机械泵相比,电子泵在低速时可提供更大的辅助动力。如标致 307 的 GEP(电子泵随速控制)可变助力转向系统可以随车速变化而变化,低速行驶时这个助力泵的转速是 3000r/min,机械泵低速行驶时的转速只有 1000r/min 多,所以低速行驶时电子泵的转向系统更加轻便。GEP 电子助力泵完全独立于发动机,如果发动机熄火,也不会影响转向助力,见图 2-25。

2)电子泵随动性较好。标致 307 高速行驶时电子泵转速就会降到 800r/min 左右。它不仅可以随车速变化而变化,而且还有一个非常特殊的功能,叫助力转向紧急模式。也就是说,在 307 的转向柱上有一个转向角速度传感器,系统会根据打转向盘的速度来调整助力大小。在高速行驶中,虽然助力减小了,但是仍有可能出现需要紧急避让的突发事件。标致 307 在快速猛打转向盘时,电子泵会在瞬间把转速提高到接近 5000r/min,助力会瞬间扩大,以便驾驶人顺利完成避险操作,这一点只有这种不依赖发动机转速的助力系统才能做到。

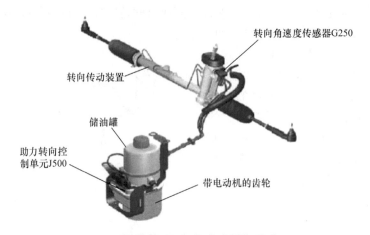

图 2-25 电子泵液压助力转向系统

3）省油。它只在需要转向助力时才工作，也就是说只要停车不熄火，比如等红灯时，只要不做任何操作，此系统自动停转，进入休眠状态，和机械泵相比平均每100km省油0.1~0.2L。

4）打到止端可以停留。电子泵转向盘快转到止端时液压压力最高（可明显听到压力增大产生的噪声），转到止端后压力反而下降，即使停留也不会造成发动机熄火或液压系统泄漏。所以电子泵好于机械泵。

4. 电子泵的缺点

是否执行避险操作取决于紧急程度，即转向盘的转速。如果转向盘的旋转角速度超过了某个设定值，助力转向紧急模式便被激活，电子泵会在瞬间把转速提高到接近5000r/min，助力会瞬间扩大，转向阻力突然降低。驾驶人如果全然不知情，就无法做出适时反应，驾驶人出于习惯操作力不变，转向力矩突然增大时转向盘的旋转角加速度也会突然增加，使汽车很容易出现非预期的过度转向。

行驶中发现过度转向后，驾驶人第一反应通常是进行反方向紧急操作，结果又可能出现反方向过度转向，直到驾驶人意识到要变换操作控制策略，减小操作力为止。这期间，高速行驶的汽车在过度转向的影响下便会出现大幅度左右摇摆现象，失去方向稳定性，甚至冲出道路。

二、电动助力转向

1. 电动助力转向系统发展历史

1988年，日本铃木公司首先在小型轿车上配备了光洋精工株式会社研发的转向柱助力式电动助力转向系统，见图2-26，开了电动助力转向之先河，但由于助力装置直流电动机和辅助转向器装在转向柱上，助力比较小，只适合小排量的汽车。

1990年，日本本田公司将助力装置直流电动机和辅助转向器装在齿条上，见图2-27，助力比明显

图 2-26 转向柱助力式电动助力转向系统

加大，使中型的运动型轿车也能使用电动助力转向系统。

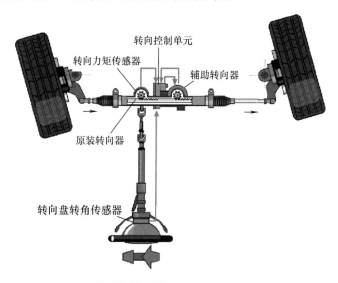

图 2-27 本田电动助力转向系统

随后日本的三菱汽车公司，美国的德尔福汽车系统公司、天合公司，德国的 ZF 公司，都相继研制出各自的 EPS。特别是本田汽车公司将装在齿条上的齿轮齿条辅助转向器改为循环球式辅助转向器（图 2-28），使助力比进一步加大，从此揭开了电动助力转向在汽车上应用的历史。

2. 电动助力转向系统的组成

电动助力转向系统是一种直接依靠电动机提供助力的转向系统，这种转向系统省去了复杂的液压管路和储液罐等液压部件，不采用发动机的动力作为动力源，而是依靠蓄电池作为动力源。电动助力转向系统不需要复杂的控制机构，只要根据需要改变电动机的电流大小和正反转，就能实现助力转向系统的自动控制。

电动助力转向系统是在机械式转向系统的基础上，加装了助力的直流电动机及减速机构（辅助转向器，有齿轮齿条式和循环球式辅助转向器两种）、电磁离合器、转向盘转角传感器、转向力矩传感器、车速传感器、转向控制单元等。系统结构紧凑、体积小，成本低。

3. 电动助力转向系统（EPS）的工作特性

1）EPS 控制单元根据转向盘转角传感器信号控制直流电动机旋转的方向，使其和驾驶人旋转的方向相一致。

2）EPS 控制单元还根据转向盘力矩传感器信号和车速传感器信号，进行逻辑分析与计算后发出指令，控制助力辅助电动机的电流，进而控制转向助力比的大小。转向盘转矩越大，车速越低，直流电动机电流越大，助力比越大。在机械液压助力转向系统、电子液压助力转向系统、电动助力转向系统中，电动助力转向系统原地打方向最轻松。

3）随车速增加而逐步减少助力直至停止助力，有助于高速行车的稳定性。

4）直线行驶时电动机不工作，不会消耗电能。

5）转向盘转到止点时 EPS 控制单元会自动识别该状态，从而切断电动机供电，防止电动机因电流过大而烧毁。

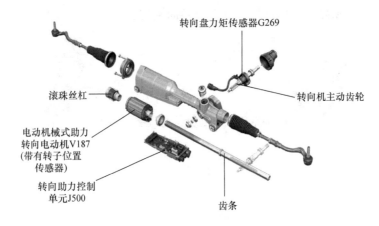

a) 循环球式电动辅助转向器

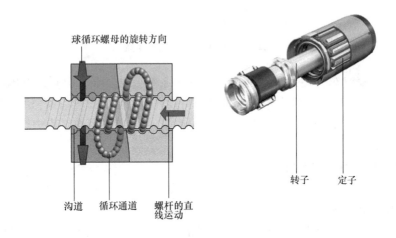

b) 循环球式电动转向器内部结构

图 2-28 循环球式助力转向器

4. 电动助力转向系统的主要优点

电动助力转向系统使用性能明显好于液压转向系统。许多汽车销售人员反映某些价位低的车型比价位高的车型转向更轻便，更好使。这是因为电动助力转向系统成本低，但使用性能明显好于电控液压助力转向系统。电动助力转向系统低速时转向明显比电控液压助力转向轻，随转向盘力矩和车速变化的随动性也明显好于电控液压助力转向。

电动助力转向系统结构紧凑、体积小、成本低。装在转向齿条上的电动助力循环球助力齿轮、齿条式转向器独立于发动机，不需要发动机提供动力源，不消耗发动机的功率；取消了液压控制系统，不需要复杂的控制机构，只要根据需要改变电动机的电流大小和方向，就能实现助力转向系统的自动控制；节省空间，减少了故障概率，使低速时转向更轻便；易于维护保养，质量稳定。装备了电动助力转向的车辆还可以实现泊车辅助、车道保持等其他便捷辅助功能。

5. 电动助力转向系统局限性

电动助力转向系统由于执行元件、传感器、控制器都是电气元件，在任一电气元件失效的情况下都会失去转向助力；其次，电动助力转向系统在维修成本和稳定性方面还有待于进一步提高。但由于电动助力转向无论从节能、助力和控制方面都优于传统液压助力机械转向系统，越来越多的现代轿车采用电动助力转向系统。

6. 电动助力转向系统常见故障与诊断分析

电动助力转向常见问题是控制单元损坏，主要原因是事故碰撞和控制单元进水腐蚀氧化所致。电动助力转向控制单元和转向器一般集成在一起，而且转向器大部分位于底盘较低处，当发生拖底或是事故碰撞时控制单元很容易损坏；同时车辆涉水行驶时间较长时，水有可能从插接器进入控制单元造成氧化腐蚀。电动助力转向出现故障时，仪表会有一个红色警示符号提示（图2-29），同时车辆失去转向助力，很难继续在路上行驶。电动助力转向系统有故障时控制单元都会有故障码存储，根据诊断的引导检查就可以找到故障原因。现在电动助力转向机是作为总成供货的，一般出现故障时只能通过更换总成进行维修。

图2-29 电动助力转向警告灯

需要注意的是，电动助力转向机在更换后需要进行端位匹配，部分车型传感器也集成在电动助力转向器内，也需要进行匹配；否则不仅电动助力转向无法正常使用，而且其他控制单元因接收到EPS控制单元的错误信号而产生报码。

以大众车转向器匹配为例，用诊断仪进入相关的测试计划，根据提示将转向盘向左转到止端停留3s，然后将转向盘向右转到止端停留3s，将转向盘回正到直线行驶位置，路试，待车速超过20km/h，电子转向故障灯自动熄灭，即可完成电控转向系统的端位重新设定。

7. 可调式转向柱

可调式转向柱可以安装在不同汽车平台上。转向柱模块化设计，不仅使轴的长度、角度可自动调节，适应不同车型的安装，而且方便电子锁的安装。转向柱可以按照驾驶人的要求进行最佳匹配，在纵向方向和高度方向无级调节，通常垂直方向可调节50mm，纵向可调节60mm，从而大大提高驾驶的舒适性和安全性。电动可调转向柱见图2-30。

三、主动式转向

主动式转向系统是在电动助力转向系统的基础上增加电控可变转向传动比的行星齿轮机构和转向轮偏航传感器等开发出来的一种更灵活、更轻松、更安全的转向控制方式。它可有效减少因转向不足或转向过度引起的车身稳定性变差的情况，同时可减少ESP的介入次数，提高驾驶乐趣。在严重侧滑时制动和转向同时介入，车辆的整体稳定性能得到了提高，也就

图2-30 可调式转向柱

是主动安全性明显提高。尤其是在车速很高时（大于100km/h），这个优点的作用更明显，因为在这种情况下，主动转向系统能充分展现出其快速反应的优点。

1. 可根据车速自动改变转向盘转角传动比

主动式转向系统在转向杆接近转向齿轮处装有一套电控的可变转向传动比的行星齿轮机构，见图2-31。如宝马车型，普通转向机构采用18∶1的固定传动比率，即转向盘旋转18°，车轮旋转1°，而宝马主动式转向系统的传动比率则在一定的范围内是可变的，从怠速状态的10∶1到高速状态的20∶1。也就是说当车速低时转向盘转动半圈（180°），转向轮转动18°，车速高时转向盘转动半圈（180°），车轮只转动9°。

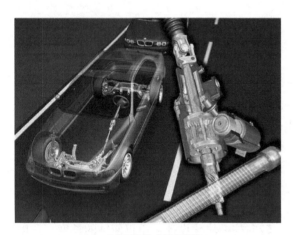
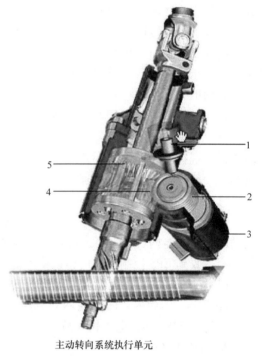

a) 宝马主动式转向系统　　　　　　b) 主动转向执行机构

图2-31　主动式转向系统

1—电磁锁　2—蜗杆传动机构　3—电动机　4—蜗轮　5—行星齿轮组

转向传动比的改变最终是通过转向控制单元根据车速变化控制行星齿轮机构电动机旋转方向来实现的。在低速时，电动机旋转的方向和转向盘一致，转向传动比减小，变成10∶1，低速时从直线行驶位置旋转转向盘一圈即可转到止端。高速时负责驱动行星齿轮机构的电动机旋转的方向和转向盘相反，转向传动比增大，变成20∶1，转向稳定性提高。高速时从直线行驶位置需要旋转转向盘两圈以上才能完成最大转向。

丰田的雷克萨斯主动式转向系统在低速时可以实现转向传动比25∶1到8∶1的平滑过渡。在车辆接近静止的状态下，转向盘止点间的操作比常规转向系统的三圈多减少到了2/3圈，即可完成最大转向角的转向。在公路上掉头、狭窄地方入库变得非常容易了。

2. 纠正转向过程出现的偏差

主动式转向系统有一套监测车辆是否偏离路线的装置来保证直线行驶的稳定性。主动式转向系统还能自动纠正转向过程方向控制出现的偏差,使车辆在车道上能够自行保持直线行驶的稳定性。系统通过转向盘转角传感器的信号,可以掌握驾驶人的意图。动态稳定控制系统依据转向轮上的偏航率传感器则可随时监控车辆垂直轴的稳定性。如果转向盘没有动,而转向轮发生转动(行驶跑偏),主动式转向系统就会在第一时间做出反应,通

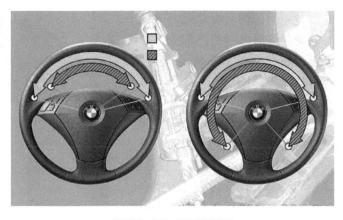

图 2-32 纠正行驶跑偏

过电动助力转向的直流电动机按转向轮实际偏离的角度反向旋转,使转向轮回到直线行驶位置,见图 2-32。

3. 发生转向过度时可通过电动转向自动修正

当发生特别紧急的情况时,例如紧急避让,所有的汽车都会自然地发生转向过度的现象。主动式转向系统在一开始就通过 ESP 系统的横向偏摆率传感器察觉车辆侧滑的方向,通过横向加速度传感器察觉车辆侧滑的距离,并于数毫秒之内通过装在转向器齿条上的辅助电动机相应地反向调整转向角度。也就是说,系统能在驾驶人和乘客不知不觉中自动地通过反向转向系统使车辆回到理想的行驶轨迹上来,从而提高了行车安全性。如果由于转弯时车速过高,或路面过滑,仅靠主动式转向系统不足以让车辆维持稳定的理想路线时,动态稳定控制系统(ESP 系统)将及时介入,通过降低发动机输出转矩和对滑移相反一侧车轮施以制动,产生相反拉力使车辆回到理想路线上(图 2-33)。

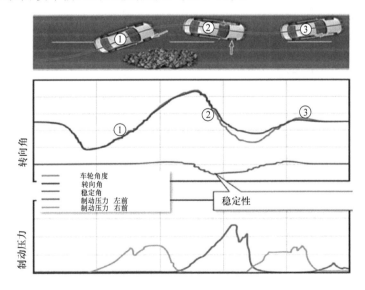

图 2-33 发生转向过度时修正

4. 发生转向不足时可通过电动转向自动修正

在这种情况下,大多数驾驶人都是采用增大转向盘转角的方式来应对(图 2-34 中车辆

1),因此可用的侧向滑动阻力就更小了。轮胎和路面之间的静摩擦变为滑动摩擦,转向失控,车辆滑离道路。在这种情况下,ESP也经常起不到帮助作用了。

当车辆还没有到达这个程度时,动态转向系统就开始起作用了。动态转向系统实施"反向控制"(图2-34中车辆2),车轮的实际回转角度小于驾驶人在转向盘上所要实现的回转角度。于是侧向滑动阻力就保持住了,车辆按最小转弯半径行驶。如果这个

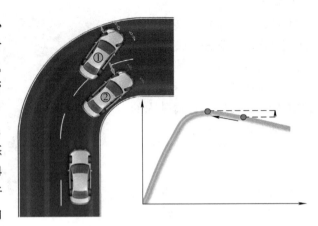

图2-34 发生转向不足时修正

还不够的话,ESP会主要在转弯内侧车轮上实施制动,围绕汽车竖轴线就另外产生了一个起稳定作用的反向力矩。于是车辆又被转向到驾驶人期望的弯道上了。

5. 常见故障现象与诊断分析

主动式转向系统的常见问题是车辆在上下台阶或轮胎受力以后转向盘就偏转了一定角度,此时需要用诊断仪结合四轮定位重新进行主动转向校准。成功校准主动式转向系统后转向盘会自动回正。

复 习 题

一、填空题

1. 自动变速器类型有_____、_____、_____。
2. 装配液力变矩器的变速器是_____。
3. CVT的行星齿轮传动机构是为了改变_____。
4. 轿车常用的独立悬架有_____、_____、_____。
5. 常见电控悬架有_____、_____、_____。
6. 轮胎压力监视显示系统是通过_____分析轮速传感器计算得出的结果。
7. 能够识别静态轮胎失压的是_____系统。
8. 胎压监视系统在调节轮胎气压后都必须_____,才能正常工作。
9. 电子泵液压助力转向系统的优点有_____、_____、_____和_____。
10. 主动式转向系统是在原有转向系统的基础上增加了_____的行星齿轮机构和转向轮偏航传感器等开发出来的一种更____、更_____、更_____的转向控制方式。
11. 电动助力转向系统是在机械式转向系统的基础上,加装了助力的直流电动机及减速机构、_____、_____、_____、_____、_____控制单元等。
12. 轮胎智能监视系统既可以监视_____,还可以监测_____。
13. 主动式空气悬架的控制内容包括_____、_____、_____系数三项。
14. 双离合器变速器分为_____和_____。

15. 无级变速的基本原理是用金属的链条在_____的锥形盘之间传动。
16. 自动变速器里无法传递较高转矩的是_____。

二、简述题

1. CVT 的优点是什么？
2. 液力自动变速器的局限性有哪些？
3. DSG 的特点是什么？
4. 电控式主动悬架应该具备哪几个条件？
5. 轮胎压力监视显示和智能轮胎压力监视系统有什么差异？
6. 机械式液压助力转向系统的局限性是什么？
7. 电动助力转向系统（EPS）的工作特性有哪些？
8. 主动式转向系统可实现的主要功能有哪些？

第三章 驾驶辅助系统新技术

第一节 巡航系统

一、定速巡航系统（CCS）

定速巡航，即按驾驶人要求的速度打开开关后，不用踩加速踏板就自动地保持车速，使车辆以固定的速度行驶。汽车一旦被设定为巡航状态，发动机的供油量便由控制单元控制，控制单元根据道路状况和汽车的行驶阻力不断地调整供油量，使汽车始终保持在所设定的车速行驶，不需要操纵加速踏板。

1. 定速巡航系统的工作原理

在20世纪60年代，巡航控制系统已经广泛应用在美国汽车上，目前国内生产的一些中高档车，如帕萨特、别克、雅阁等也都安装有巡航控制系统。巡航控制系统有节省燃料和减少排放的优势，因为汽车都有对应的经济速度，当驾驶人将巡航控制系统调控到经济速度上就可以起到省油的作用。

定速巡航是在电子控制单元的控制作用下实现的：电子控制单元接收两个信号，一是驾驶人设定的指令速度信号，二是车速反馈信号，当检测出这两个输入信号之间的误差后，将控制信号送至节气门执行器。节气门执行器根据所接收的控制信号，调节发动机节气门开度以修正电子控制单元所检测到的误差，从而使车速保持恒定。

2. 定速巡航系统的使用

1）巡航加速。在巡航状态下，每按住（SET/ACC）键0.5s可以增加时速1km。也可一直按住（SET/ACC）键，车速会自动缓缓提升，直至适合的速度再松开按键。即持续按下开关进行加速，不操纵开关时的车速进入巡航行驶。此外，在定速巡航状态下可以直接踩加速踏板加速，当松开加速踏板后，车速将缓缓恢复到先前设定的巡航速度。

2）巡航减速。在巡航状态下，每按住（RES/DEC）键0.5s可以降低时速1km。也可一直按住（RES/DEC）键，车速会自动缓缓下降，直至到适合的速度再松开按键。

3）定速解除。在巡航状态下，轻轻踩下制动踏板，便可解除定速。在制动踏板上装有两种开关：一个用于对控制单元的信号消除；另一个是直接使执行元件停止工作。制动踏板行程达到40%时系统退出控制。当踩下制动踏板，上述功能立即取消。但是，设置速度继续存储。

4）定速恢复。解除定速后，只要按住（RES/DEC）键1s，不用踩加速踏板，车速即可自动恢复到定速解除之前的巡航速度。

5）速度微调升高。在巡航速度行驶中，当操纵开关以ON—OFF方式变换时使车速稍稍上升。

6) 低速自动取消功能。当车速小于 40km/h 时，存储的车速消失，并不能再恢复此速度。

7) 各种取消开关。除了利用制动踏板取消功能外，还有驻车制动、离合器（M/T）、变速杆（A/T）等操作开关也可取消功能。

8) 按预设定的车速行驶。将操纵杆拉起到①的位置以打开系统，参见图 3-1。轻按侧面开关。在按下侧面开关后。当前的车速即被存入存储器，汽车也将保持这一车速行驶。

打开和关闭
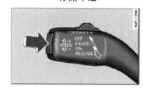
存储车速

调节车距

调节车速

图 3-1 巡航定速开关

二、自适应巡航控制系统

自适应巡航控制系统首先需要在车头安装一个雷达距离感应测算装置，侦测本车与前车的距离。现在大多数车厂都把这个感应器安装在中网上车标的后边。在自适应巡航系统打开后，这个感应器就会侦测前方车辆与本车的距离（通过驾驶人设定的车距时间和巡航速度计算），而巡航控制单元会保持这个距离（图 3-2）。例如，大众 CC 上的自适应巡航系统，驾驶人就可以设定 1s、1.3s、1.8s、2.4s、3.6s 五种不同的与前车的车距时间。

a) 自适应巡航跟车状态

b) 自适应巡航仪表工作状态显示

图 3-2 自适应巡航控制系统

1. 自适应巡航控制系统的工作原理

自适应巡航控制系统的代表厂家有奔驰、雷克萨斯、奥迪等，系统利用车载测距系统和摄像机系统设定自动跟踪的车辆，监测与前面车辆的间距，见图3-3，同时车速传感器采集车速信号。

车辆的间距可以通过转向盘附近的控制杆上的设置按钮进行选择，并通过对车速的控制使车辆保持安全的行车间距，使车辆的编队行驶更加轻松。

图3-3 自适应巡航跟车模式

雷达和摄像机能够为车距的实时计算提供必要的信息，如果系统发现车距小于规定的安全距离，就会警告驾驶人，在必要时还可以自动实施电子辅助制动减速，避免发生危险。自适应巡航控制系统在控制车辆制动时，通常会将制动减速度限制在不影响舒适的程度，当需要更大的减速度时，此时电子制动只负责减速，不负责停车，所以ACC控制单元会发出声光信号通知驾驶人主动采取制动操作，最终停车是由驾驶人完成的（图3-4）。

2. 自适应巡航控制系统的工作特性

1）自适应巡航控制系统一般在车速大于25km/h（部分车型大于30km/h）时才会起作用，而当车速降低到25km/h以下时，就需要驾驶人进行人工控制。通过系统软件的升级，自适应巡航控制系统可以实现"停车/起步"功能，以应对在城市中行驶时频繁的停车和起步情况。自适应巡航控制系统的这种扩展功能，可以使汽车在非常低的车速时也能与前车保持设定的距离。当前方车辆起步后，自适应

图3-4 车距传感器安装位置

巡航控制系统会提醒驾驶人，驾驶人通过踩加速踏板或按下按钮发出信号，车辆就可以起步行驶。

2）在前方无车的道路上，自适应巡航控制系统的作用如同一个定速巡航装置。它保持本车按照存储的期望车速行驶。

3）跟车行驶时，如果本车接近前方行驶的车辆，自适应巡航控制系统便会在规定的系统制约范围之内，"要求驾驶人接管驾驶" "功能限制"使本车减速，并且在按设定的距离进行适配调整之后尝试控制本车与前方车辆的距离。在适配调整过程中，可能会出现暂时低于预设距离的情况。如果前方行驶的汽车加速，自适应巡航控制系统也会加速（最高不超过驾驶人设定的期望车速）。

4）自适应巡航是一种驾驶辅助系统，绝不是驾驶安全系统，也不是全自动驾驶系统，它对固定物体无法做出反应。在转弯半径很小时雷达视野受到限制，所以会影响系统的功能。

三、第二代自适应巡航控制系统

第二代自适应巡航（主动式巡航控制系统）是传统的巡航控制的升级版，系统包括雷达传感器、数字信号处理器和控制模块。驾驶人设定所希望的车速，系统利用低功率雷达或红

外线光束得到前车的确切位置,如果发现前车减速或监测到新目标,系统就会发送执行信号给发动机或制动系统来降低车速,使车辆和前车保持一个安全的行驶距离。当前方道路没车时又会加速恢复到设定的车速,雷达系统会自动监测下一个目标。主动式巡航控制系统(ACC)代替驾驶人控制车速,避免了频繁取消和设定巡航控制,使巡航系统适合更多的路况,为驾驶人提供了一种更轻松的驾驶方式。

1. 主动式巡航控制系统的组成和工作原理

主动式巡航控制系统主要由车距传感器(雷达)、轮速传感器、转向盘转角传感器以及ACC控制单元等组成。系统包括防撞雷达、红外线传感器、盲点探测器等设施,主要用于超车、倒车、换道、停车、起步,在大雾、雨天等易于发生危险的情况下,随时以声光的形式提醒驾驶人,或者通过车载系统自动加以调整,从而有效地防止事故的发生。车距传感器持续扫描前方道路,一般安装在散热器格栅内或前保险杠的内侧;在前后车轮上装有轮速传感器(与ABS共用),可以感知车辆的行驶速度;转向盘转角传感器用来判断车辆行驶的方向;ACC控制单元采集各个传感器的信号并进行计算,以便可以适时地与发动机控制单元和防抱死制动控制单元交换数据。

2. 主动式巡航控制系统的作用

主动式巡航控制系统是在自适应巡航控制系统的基础上,增加雷达计算本车与前车之间的时间差,以保持定速巡航时的安全性;系统上的雷达主要有单脉冲雷达、毫米波雷达、激光雷达以及红外探测雷达等。其中单脉冲雷达和毫米波雷达是全天候雷达,可以适用各种天气情况,具有探测距离远、探测角度范围大、跟踪目标等优点。激光雷达对工作环境的要求较高,对天气变化比较敏感,在雨雪天、风沙天等恶劣天气探测效果差。ACC能依据前车速度通过电子节气门控制来适当调整本身车速。此外,全新的Distance Alert车距警示系统能让驾驶人得以设定与前车之距离,当车辆间距过于接近时,Distance Alert会在抬头显示器给予驾驶人警示。此装置还能在系统制约条件允许下调节本车与前面行驶车辆的设定距离,直至停驶。

1)通过车距传感器的反馈信号,ACC控制单元可以根据靠近车辆物体的移动速度判断道路情况,并控制车辆的行驶状态;通过反馈式加速踏板(图3-5)感知的驾驶人施加在踏板上的力,ACC控制单元可以决定是否执行巡航控制,以减轻驾驶人的疲劳。

2)车速低于25km/h时需要驾驶人进行人工控制,见图3-6。

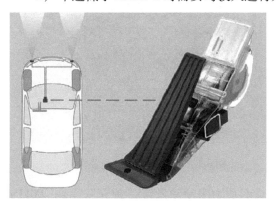

图3-5 反馈式加速踏板

图3-6 车速低于25km/h退出自适应巡航

3）自动检测同一车道内前方车辆的速度，比设定巡航速度慢时自动制动减速。如果前面行驶的车辆停下，如在车辆停滞不前时，在系统制约条件允许时本车将延缓行驶，即自适应巡航能帮助制动减速，但不能制动驻车。自适应巡航有个适用速度，如果车速低于25km/h就退出控制，组合仪表中出现文字"Manual control"（接管），这种情况下需要驾驶人踩制动踏板，以避免溜车。前面行驶的车辆再次开始行驶时，如果车速达到2km/h，就可以重新启用该装置。

四、基于自适应巡航的其他驾驶辅助系统

下面以奥迪车型为例介绍乘员预防保护系统。

该系统能自动识别危险的行驶状况，并采取措施，让车辆和乘员对潜在的碰撞有准备。这是通过不同系统在车上联网而实现的，这时各系统会不断将信息发送到数据总线上，其他控制单元会对这些信息进行分析并采取相应行动。如果与前面行驶的车辆之间相对车速太高，有很大撞车危险的话，那么奥迪制动警告装置就被激活。

即使驾驶人操作过迟或者根本没有操作，奥迪制动警告装置也会通过分级式的轻微制动以及自动减速将车速降低约40km/h。与此同时会起动保护性预防措施。即使无法避免与前面行驶的车辆碰撞，这也会大大减轻碰撞的严重程度（图3-7）。

图3-7 乘员预防保护系统

（1）阶段1

控制单元内的奥迪制动警告逻辑识别出有很大的撞车危险，并起动视觉警告和声响警告（锣音）见图3-8。这种警告触发的时刻是在最后制动可能（为了躲避碰撞的制动）前的1.5~2.5s。如果奥迪制动警告认为现在危险性很高，而驾驶人这时又踩下加速踏板加速行驶或者转向，那么就认为现在驾驶人的注意力是很专注的。这样警告就会稍晚些出现。其实在这时，ESP已经通过主动建立起压力为制动系统"预充"了约200kPa的制动压力。

图3-8 视觉警告和声响警告

阶段1的主要作用是降低制动系统反应的延迟时间，并通过让制动衬块接触制动盘的方

式来清洁/干燥制动盘。同时，液压制动辅助系统（HBA）的触发标准也有所改变。更小的踏板速度现在就可以触发液压制动辅助系统。这样的话，车辆周围的交通状况就变成确定液压制动辅助系统的触发标准。为了及时应对随时可能出现的动态性很强的驾驶动作（躲避、减速很快的制动），可调空气悬架会将减振器设置到阻尼力最大的状态。

（2）阶段2

如果驾驶人对阶段1预警没有做出反应，那么车距调节控制单元在最后制动可能（为了躲避碰撞的制动）前的0.9～1.5s，通过ESP控制单元短时建立起制动压力（图3-9）。驾驶人可明显感觉到这种警告耸车，但这种耸车不表示车辆的减速，只是对驾驶人再次发出警告，要求驾驶人立即做出

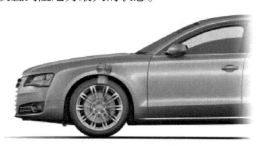

图3-9　ESP系统建立压力

反应去规避即将出现的撞车危险。如果驾驶人实施了制动，那么ESP的液压制动辅助系统（HBA）在需要时会辅助驾驶人去制动。如果在出现警告耸车后驾驶人仍未实施制动，那么ESP就会主动建立起制动压力，这个压力在该阶段会开始执行中等减速（大约相当于1.5s时长最大减速度的30%）。开始制动时，安全带松弛程度会下降，以便更好地拉住驾驶人。

（3）阶段3

在接下来的阶段3中，通过ESP将制动压力升至最大减速度时的50%，持续时间约为1s。此时会通过警告灯应急闪烁来提醒后面行驶的车辆要注意危险。由于这时撞车的可能性很大，已经打开的风窗玻璃/滑动天窗都会尽可能地关上，以便提高乘员舱的稳定性并防止刺入的物体伤害乘员（图3-10）。

图3-10　关闭车窗

（4）阶段4

在碰撞前约500ms时，系统会再次提高制动压力，此时压力提高到车辆达到最大减速时的值。安全带张紧器触发（装备了前部奥迪预感系统时也是这样，见图3-11）。现在驾驶人已经无法避免碰撞了，但是通过全功率制动可再次将车速最多降低约12km/h。尽管驾驶人没有采取任何行动去阻止事故的发生，但是奥迪制动警告装置（Audi braking guard）最多可将碰撞车速降低约40km/h。另外，还可以实现最佳的事故预防状态，这大大减缓了事故的严重程度。

（5）升级版乘员预防保护系统新增功能

在车速为0～30km/h时，Audi pre sense front还有一个"全减速"功能。当车速低于30km/h时，如果车距调节控制单元识别出有正面碰撞的危险，那么ABS控制单元J104就会让制动系统预充制动液。在触发前，

图3-11　打开危险警告灯全力制动

会对驾驶人发出视觉和声音警告来提请驾驶人注意：车辆已自行制动或者在帮着驾驶人制动。如果系统在没有驾驶人介入情况下自行将车辆制动到停住，那么还会另有三声声响信号。这是为了提醒驾驶人：你必须主动接管车辆了（比如通过制动）。如果驾驶人没有接管车辆，那么系统（比如在配备自动变速器时）就会松开制动器，车辆会继续行驶（注意：该系统对于横穿车辆和对向来车以及反射雷达波能力很差的物体（比如行人）不会做出反应；该系统只对同向车做出反应）。

从 2016 款奥迪 Q7 开始，中国市场全车系标配"奥迪预防式整体安全系统城市版"。该系统主要以前部摄像头为主要传感器，用于实时监控前部的交通状况。根据危险情况的严重程度，奥迪预防式整体安全系统城市版首先会向驾驶人发出警告，接着会根据需要进行制动。在特定前提下，系统可以识别本车前部的其他车辆或有人站在本车道内或正走入本车道内。预防式整体安全系统城市版可以在不超过 250km/h 的车速内针对其他车辆发出警告。预防式整体安全系统城市版可以在不超过 85km/h 的车速内进行制动。该系统能对行人进行单独识别，并进行声光警告、制动刹车直至全力制动到车辆停止。

1）新 Q7 预防式整体安全系统城市版识别到车辆的控制过程（图 3-12）

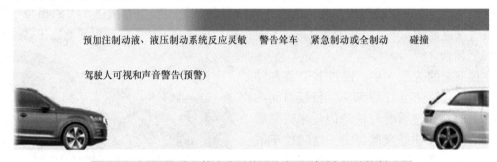

图 3-12　Q7 预防式整体安全系统城市版识别到车辆的控制过程

2）新 Q7 预防式整体安全系统城市版识别到行人的控制过程（图 3-13）

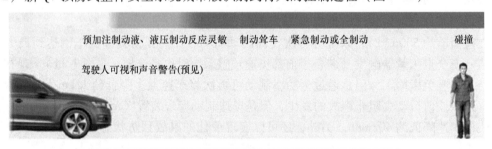

图 3-13　预防式整体安全系统城市版识别到行人的控制过程

（6）基于新 Q7 预防式整体安全系统前部版的避让辅助功能和堵车辅助功能

1）主要结构组成（图 3-14）。

2）转弯辅助（图 3-15）。奥迪预防式整体安全系统前部版会借助 ACC 和前部摄像头不断监控前方交通情况。如系统发现有一辆车（A）迎面驶来，同时，系统还发现左转过程已经准备就绪（通过开启转向灯）。在这种情况下，奥迪预防式整体安全系统前部版会促使 ABS 控制单元 J104 自动进行紧急制动，从而使本车（E）保持在自己的车道内（图 3-15），同时会向驾驶人发出可视和声音警告，提醒他注意，车辆正在自动制动。如果车辆在驾驶人

图 3-14 Q7 预防式整体安全系统前部版

未干预的情况下自行制动直至停止，则会继续发出声音信号。这些信号是为了提醒驾驶人注意，必须（例如通过制动）主动接管车辆的控制。

3）避让辅助。假设本车（E）即将撞上另一辆车（A）。奥迪预防式整体安全系统前部版会借助 ACC 传感器或前部摄像头识别危险情况。在发出紧急警告（制动耸车）后，如果驾驶人（E）避让了车辆（A），则避让辅助系统会根据需要提供辅助转向力矩（图 3-16）。

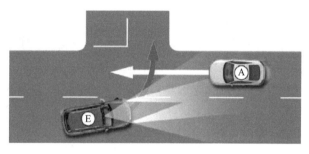

图 3-15 转弯辅助

系统根据各种不同信息，例如本车速度和前方车辆所在车道，计算出合适的避让线路。如果本车（E）在特定极限内严重偏离避让路线，避让辅助系统会尝试提供辅助转向干预来引导车辆沿避让路线行驶，从而帮助驾驶人避开障碍物。

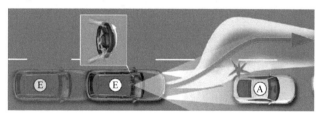

图 3-16 避让辅助

这样就可以在物理极限范围内，防止车辆在避让时失控。

五、自适应巡航控制系统常见故障现象与诊断分析

自适应巡航控制系统是一个高度依赖信息数据交流的工作系统，当相关控制单元任一个内存储了故障码，则自适应巡航会因信息缺失而退出工作。如某一车门控制单元内有车门开关信息不可信，自适应巡航就会退出工作，同时仪表会提示"ACC 自适应巡航功能不可用"。此时必须用诊断仪检查所有相关控制单元是否存在故障记录，如有故障必须彻底排除

所有相关控制单元的故障,才能保障自适应巡航正常工作。

在更换了自适应巡航主控制单元或是拆下了自适应巡航的雷达传感器,以及拆装了前保险杠或是改变了四轮定位参数,必须进行雷达传感器的校准测试计划,否则自适应巡航也无法正常工作。

第二节 自动泊车与车道保持系统

一、自动泊车辅助系统

自动泊车辅助系统主要由超声波传感器、主动转向系统、电子节气门系统和车载控制单元等组成。不同车型,探测器个数也不同,大体在6~12个之间,探测覆盖面广,能有效减少盲区。自动泊车辅助系统就是不用人工干预方向,自动停车入位的系统(图3-17)。

以奥迪车系2.0代驻车转向辅助系统为例,它可以帮助驾驶人将车泊入仅比车本身长0.8m的停车空位内。2.0代驻车转向辅助系统也可帮助驾驶人将车泊入与道路成90°角的停车位内(横向停车位)。该系统还可帮助驾驶人将车驶出停车位,这一般是指将车从比车身至少长0.5m的纵向停车位驶出。

1. 结构组成

装备了带有环境显示功能的驻车辅助装置的车辆,配备了12个超声波传感器,包括4个前部驻车辅助传感器、4个后部驻车

图3-17 自动泊车辅助系统

辅助传感器、2个前部驻车转向辅助传感器和2个后部驻车转向辅助传感器(图3-18)。

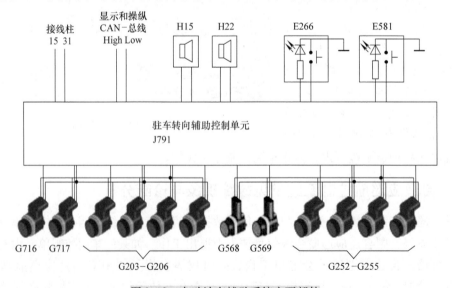

图3-18 自动泊车辅助系统主要部件

2. 系统支持

1）在本车驶过停车空位时，会测量这个空位的大小。
2）组合仪表上会显示出合适的停车位。
3）在泊车过程中会接管转向运动。
4）加速和制动以及选择合适的档位这些工作，仍由驾驶人来负责。

3. 泊车模式

（1）纵向泊车辅助（图3-19）

只有当车辆驶过停车空位时的车速低于40km/h时，才会去识别这个纵向停车空位是否合适。只有当这个合适的停车空位位于两车之间或者位于一辆车的后面时，系统才会将其显示出来。系统不支持驾驶人将本车停靠到一辆车的前方。如果停车空位比车身至少长0.8m，那么系统就认为这个停车位大小是合适的（$x+0.8$m）。

图3-19　纵向泊车辅助

（2）弯道泊车辅助（图3-20）

在弯道处将车泊入纵向停车位时，驻车转向辅助系统也能提供驻车辅助功能。不论这个纵向停车位在左弯道上还是在右弯道上，该系统均可帮助泊车。引入了2.0代的驻车转向辅助系统后，最小转弯半径（在系统提供驻车辅助功能前）从40m降至20m。

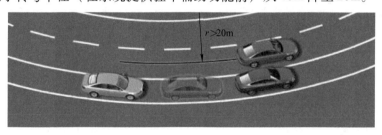

a)

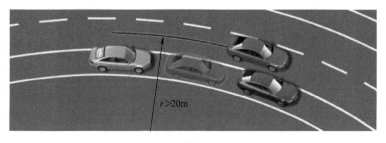

b)

图3-20　弯道泊车辅助

(3) 路肩旁泊车（图3-21）

在本车驶过该停车空位时，驻车转向辅助系统通过其超声波传感器就可识别出路肩和障碍物，并认为这个障碍物就是一辆停着的车。超声波传感器会测出本车与路肩之间的距离 x，在本车驶过这辆停着的车时，传感器会测出本车与这辆停着的车之间的距离 y。那么停车空位深度 t 就按这个公式来计算：$t = x - y$。

如果 t 是正值，就说明已经停着的这辆车至少还有一部分是停在路上的，因为本车到路肩的距离大于两车之间的距离；如果 t 是负值，就说明已经停着的这辆车已经完全停在路肩上了，因为本车到路肩的距离要小于两车之间的距离。

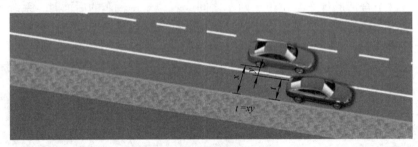

a) 路缘泊车

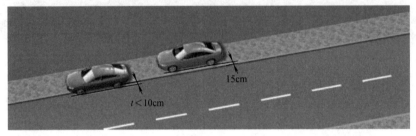

b) $t=0\sim10$cm

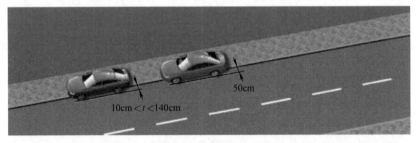

c) $t=10\sim40$cm

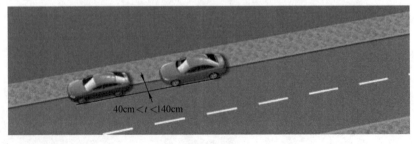

d) $t=40\sim140$cm

图3-21　路肩旁泊车

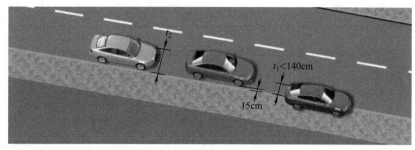

e) $t_1<140cm$

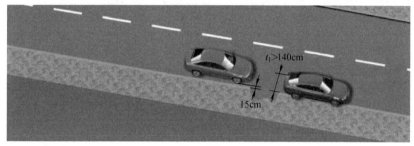

f) $t_1>140cm$

图 3-21 路肩旁泊车（续）

（4）纵向泊车后移出车位（图 3-22）

要想让驻车转向辅助系统帮助驾驶人将车辆移出，有个前提条件：停车位的长度至少需要比要移出的车辆长 0.5m（$x+0.5$m）。只有在车辆接通点火开关后行驶的距离没超过 2m 时，驻车转向辅助系统才可以帮助驾驶人将车移出。这种"移出辅助过程"，就是将车辆移到某个位置处，以便让驾驶人接下来用系统设定好的转向量将车驶离停车位。具体就是通过让车辆几进几退来实现。完成了这个目的后，"移出辅助过程"结束。

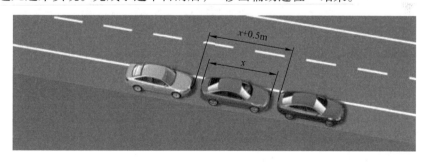

图 3-22 纵向泊车后移出车位

（5）横向驻车时的驻车辅助（图 3-23）

所谓横向停车位，是指停车位与道路成 90°角。只有当车辆驶过停车空位时的车速低于 20km/h 时，才会去识别这个横向停车空位是否合适。

如果测得这个停车空位的宽度至少为车宽 +0.7m（$x+0.7$），那么系统就认为该停车位的宽度是合适的。在这种情况下，驻车转向辅助系统会帮助驾驶人将车停靠到两车的中间，按距离 y 来对齐。如果系统测得的停车空位宽度比车宽至少多出了 2.3m（$x+2.3$m），那么系统就认为这是要把车停靠在另一辆车旁,而不是要停靠在两车之间了。在这种情况下,驻车转向辅助系统会帮助驾驶人将车停靠在平行于邻近车且相距0.75m的地方。

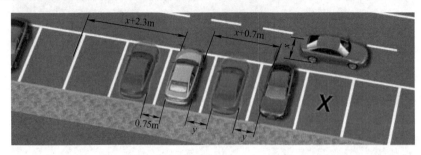

a)

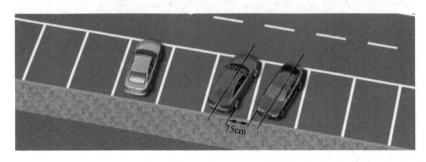

b)

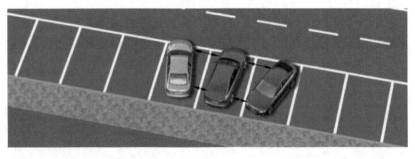

c)

图 3-23 横向驻车时的驻车辅助

4. 驻车转向辅助系统的激活条件和关闭条件

- 已经通过 ESP 按键将 ESP 关闭了。
- 本车已接上了挂车。
- 驻车转向辅助系统有系统故障。

在下述情况下,驻车辅助功能会中止:

- 出现 ESP 干预。
- 驾驶人干预驻车辅助功能的转向动作。
- 超过了 7km/h 这个最大驻车车速。
- 通过驻车转向按键关闭了驻车转向辅助系统。
- 超过了 6min 这个泊车时限。

5. 3.0 驻车转向辅助系统相比 2.0 系统的优化措施
- 基于地图的环境监测系统。
- 经过改进的车辆位置识别系统。
- 驻车辅助系统使用四轮转向系统。
- 将车辆停入纵向车位时，将车辆对中。
- 使用限速器，防止因驻车车速过高而关闭辅助系统。
- 扩大横向停车入位时的公差范围，使得在这个驻车场景下只需要较少的校正操作。

6. 新的驻车场景

1）向前驶入横向车位（图 3-24）。

图 3-24　向前驶入横向车位

2）驾驶人可以选择向前或向后停入横向停车位（图 3-25）。

图 3-25　选择向前或向后停入横向停车位

3）从横向车位前驶过，向后驶入横向车位（图 3-26）。

图 3-26　向后驶入横向车位

7. 常见故障现象与诊断分析

泊车辅助系统需要电动转向器、发动机、变速器、ESP 控制单元、组合仪表、转角传感器等系统的支持才能正常工作，只有相关系统无任何故障存储时泊车辅助系统才能正常工作。常见泊车辅助系统故障大部分是超声波传感器受外力损伤或是车辆在涉水时传感器插接器进水，导致泊车辅助系统不能正常工作。

二、车道保持辅助系统

该系统可协助驾驶人将车辆保持在原车道行驶。当因驾驶人疏忽或精力不集中而使车辆可能要驶离车道时，转向盘会振动以提醒驾驶人，从而可以避免交通事故（图 3-27）。车道保持辅助系统是为高速公路和主干线公路而设计的，所以该系统在车速高于约 65km/h 时才工作。环境条件恶劣时，比如车道脏污或者覆盖着雪、车道过窄、车道边界线不清晰（如高速公路施工时），那么该系统会暂时停止工作。系统当前的状态会显示在组合仪表上。

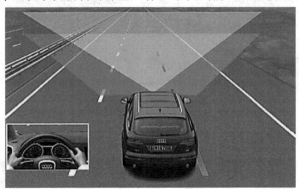

图 3-27 车道保持辅助系统

1. 结构组成（图 3-28）

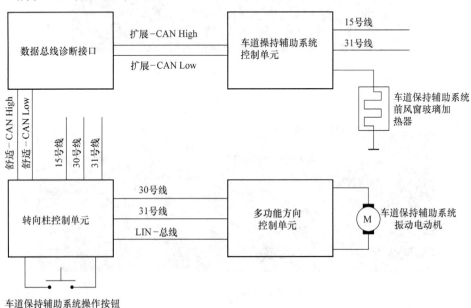

图 3-28 车道保持辅助系统组成

1) 车道保持辅助系统控制单元 J759（带有摄像头，见图 3-29）。使用的影像摄取传感器以黑白影像模式来获取车前路面的情况，其分辨率是 640×480 像素。影像摄取传感器前面有一个 6mm 焦距的镜头。该摄像头的视距最大为 60m。环境影响可能会降低视距。如果视距低于某个最小值，那么车道保持辅助系统就切换到"不可使用状态"。

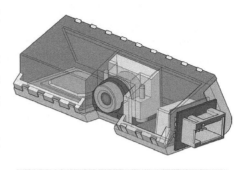

图 3-29 车道保持辅助系统控制单元 J759

影像摄取传感器所获得的黑白影像由一个影像处理软件进行分析。分析中首先要在影像上寻找车道边界线。如果识别出两侧的车道边界线，那么就会计算车道宽度和车道曲率。另外，该软件还要计算车辆在车道上的位置（就是车辆与左、右车道边界线的距离）以及车辆接近车道边界线的角度。影像处理软件还会评估车道识别的好坏程度。根据计算值和已知的车辆尺寸就可确定警报提醒时刻。

车道保持辅助系统控制单元 J759 卡在一个支架上。该支架粘在前风窗玻璃上，由于这个支架位于前风窗玻璃上方的黑边后，在车外是注意不到该支架的，只能看到车道保持辅助系统摄像头的梯形视窗。摄像头视窗位于刮水器的刮水区，这样可在降雨或降雪时尽量降低视野受限的情况（图 3-30）。

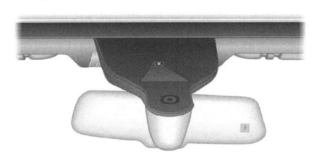

图 3-30 车道保持辅助系统的摄像头

2) 车道保持辅助系统的振动式转向盘（图 3-31）。转向盘上装有一个振动电动机，它可使转向盘产生振动。振动电动机安装在转向盘右下辐条内。转向盘的振动是因电动机上的不平衡配重旋转而产生的。该电动机无法单独更换，因此如果振动电动机损坏，必须更换整个转向盘。转向盘振动持续的时间长度取决于驾驶人的反应情况，一般在 1s 左右。

图 3-31 振动式转向盘

2. 工作原理

车道保持辅助系统可以帮助驾驶人将车辆保持在原车道上行驶。系统用一个摄像机来识别车道边界线。车辆行驶时，如果车道保持辅助系统识别出了车道两侧的边界线，那么该系统就处于"时刻准备工作"的状态。如果车辆行驶中靠近了识别出的某条车道边界线（车辆可能要驶离车道），那么转向盘就会发生振动，从而对驾驶人进行提醒。如果在车辆横过车道边界线之前拨动了转向灯，那么就不发出这种振动提醒，因为系统认为这是驾驶人要变道了（图3-32）。

图3-32　车道保持辅助系统识别到偏离车道

在接近或者横过识别出的车道边界线时，这种振动提醒只发生一次。只有在第一次振动提醒发生后，车辆已经行驶到离这条车道边界线足够远且又接近这条边界线时，才会第二次出现这种振动提醒。这样就可避免在车辆与某条车道边界线平行行驶时一直出现这种振动提醒的恼人场面。

3. 主动式车道保持系统

配置电动转向器的车道保持系统，即升级为主动式车道保持系统。当识别到车辆偏离本车道时主动式车道保持控制单元会向电动转向控制单元发出纠正车辆行驶轨迹的请求，这样车辆会在电动转向器的辅助下自动保持在本车道内。

1）主动式车道保持与之前车道保持系统的改进如下。
- 通过电控机械式转向系实现系统的转向干预。
- 可以在MMI中关闭用于警告驾驶人的转向盘振动。
- 通过持续的转向干预帮助驾驶人将车辆保持在车道中间。
- 当接近车道边界线时帮助驾驶人不致因疏忽而驶离原来车道。
- 不再通过转向盘中的不平衡电动机，而是通过电控机械式转向系统的电动机产生转向盘振动。
- 系统的主控制单元是图像处理控制单元J851，而不再是摄像头控制单元J852或车道保持辅助系统控制单元J759。

2）工作模式。转向干预"晚"模式帮助驾驶人不致因疏忽而驶离车道。在该模式中，只有当车辆快要接近车道边界线时才会引发奥迪主动车道保持辅助系统的转向干预。如果驾驶人的转向力矩大于反方向作用的系统转向力矩，则车辆将继续朝相邻车道方向行驶。系统转向力矩随之减小，直到最后数值为零。在这种情况下，系统认为驾驶人希望变换车道（图3-33）。

图3-33 转向干预晚

转向干预"早"模式帮助驾驶人将车辆保持在车道中间。在此模式下，奥迪主动车道保持辅助系统以朝向车道中间的转向力矩形式进行持续干预。在"早"模式中，一旦车辆不再处于车道中间时便会发生转向干预。转向干预的前提条件是：警告系统功能正常，而且没有操作转向信号灯。车辆离车道中心越远，系统转向力矩就越大。驾驶人觉察到作为转向建议的转向干预，而是否采纳该建议则由他自己决定。要想把车辆换到临近车道的话，则驾驶人的转向力矩必须大于反方向作用的系统转向力矩。如果奥迪主动车道保持辅助系统确定驾驶人不接受转向建议并想要变换车道，则将收回系统转向力矩并终止转向干预（图3-34）。

图3-34 转向干预早

主动车道保持辅助系统的功能是帮助驾驶人保持住原来的车道。该系统以驾驶人始终将双手置于转向盘上为前提条件。通过转向力矩传感器G269所测得的转向力矩来识别脱把行驶（图3-35）。

如果离开本车车道后会直接带来车辆损伤的危险，那么因疏忽而离开本车车道的后果将尤其严重，比如当车道边界线旁即为护栏或者相邻车道上有车辆时。为了识别这类情况，除了评估摄像头图像外，还要利用前部与后部泊车辅助系统以及自适应巡航控制系统（ACC）这两个驾驶辅助系统的测量值。为了能使奥迪主动车道保持辅助系统具备该项辅助功能，车辆必须至少配有前部及后部泊车辅助系统（图3-36）。

图 3-35　脱把识别

a) 识别偏离车道的危险

b) 识别偏离车道仪表显示

图 3-36　识别偏离车道

4. 车道保持辅助系统无法正常工作的可能原因
- 故障存储器内记录故障"基本设定/自适应没有进行或是错误的"。
- 更换了车道保持辅助系统控制单元。
- 更换或拆下了前风窗玻璃。

- 调整过后轮前束。
- 车底盘经过改装并影响到车身高度。
- 装备有减振调节或空气悬架的车辆，车辆水平传感器重新进行了自学习。

第三节　夜视系统与平视系统

一、夜视系统

夜视系统分为主动夜视系统和被动夜视系统。主动夜视系统由红外前照灯、红外摄像机、夜视系统控制单元组成，代表车型是奔驰。其主要特点是较冷的物体也可以看见，成像质量较高，可以清楚地看到道路标志，但作用距离比热敏成像的略短。另一种是被动夜视系统，该系统不需要红外线前照灯且探测距离更远；但成像效果受天气和环境亮度影响较大。下面以配备被动夜视系统的奥迪夜视系统为例讲解其具体工作原理与工作模式（图3-37）。

图3-37　夜视显示系统

系统将车辆前部的热敏图像显示在组合仪表显示屏上。图像采用红外摄像头采集，该摄像头安装在奥迪车前部的圆环中。夜视辅助系统可以使得驾驶人能在黑暗中及时识别出车辆前部区域的行人，即使尚未出现在车辆照明视野中的动物，也可在显示屏上识别出来。人或动物会产生热辐射，因此其图像比周围环境要亮，驾驶人也就很容易在显示屏上将他们识别出来。如果该系统将某物识别为人，那么图像还会加上颜色。夜视辅助系统相对于良好的照明来说，是一个更大的进步，因为该系统在黑暗情况下，感知区明显比远光灯更远。热敏图像不仅能识别生物，车道和建筑物轮廓也能识别出来。

1. 夜视系统的结构组成（图3-38）

（1）夜视辅助系统摄像头J764（图3-39）

夜视辅助系统摄像头J764配备有自己的运算器。该摄像头除了能录下原始图像并把图像传给夜视辅助系统控制单元外，还要储存校准数据。

为防止石击，摄像头的镜头前有一个保护窗，该窗采用锗制成，不能用玻璃来制作，因为热辐射无法穿过玻璃。该保护窗的强度极佳。在温度低于6℃时，如果摄像头有结冰危险，那么会对摄像头保护窗进行加热。这个温度是由摄像头自己的温度传感器来侦测的。一个单独的喷嘴用来清洁摄像头保护窗，该喷嘴在操纵前照灯清洗喷嘴时一同工作，就可以清除污物。

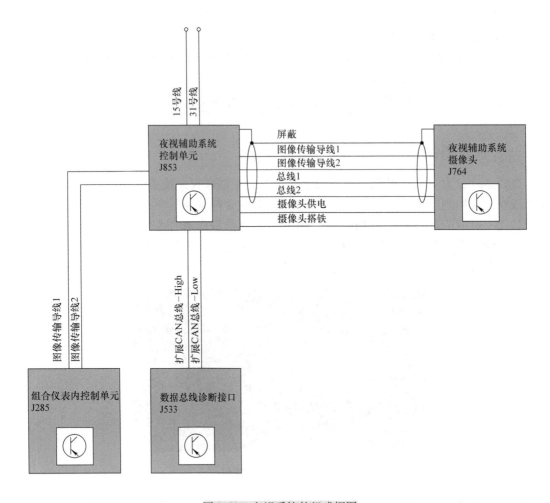

图 3-38 夜视系统的组成框图

(2) 夜视辅助系统控制单元 J853 的主要功能
- 处理夜视辅助系统摄像头的原始图像。
- 识别出热敏图像上的人并将其做上标记。
- 持续不断地对摄像头图像进行分析,并测算车辆与识别出的行人的碰撞可能性。
- 在识别出有碰撞危险时发出警告。
- 将已处理完的热敏图像传送给组合仪表。
- 使用 CAN 扩展总线接收并处理夜视辅助系统功能所需要的数值和信息。
- 为摄像头供电(蓄电池电压)。
- 持续地对系统进行诊断,并将识别出的故障记录到故障存储器内。
- 通过测量数据块、自适应和执行元件诊断来帮助查找夜视辅助系统故障。
- 通过软件对售后中和生产中的系统进行校准。
- 行车中在某些条件下进行动态校准。

图 3-39 夜视摄像机

- 存储用户对夜视辅助系统所做的设置（对应所使用的钥匙）。

2. 夜视系统工作原理

为了预测本车下一步的运行轨迹，需要考虑到当前车速和偏摆率。如果根据这两个预测而判断有碰撞危险，那么会响起一个声音警告信号，以便让驾驶人能对这种情况做出反应。在识别人或动物时，由于夜视辅助系统的作用距离比近光灯或远光灯都大，就可为驾驶人赢得宝贵的时间，这对避免发生交通事故是非常重要的（图3-40）。

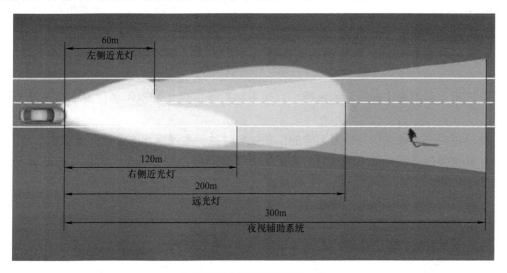

图3-40 夜视系统工作范围

（1）接通夜视功能

在天亮时，随时都可接通夜视辅助系统。在黑暗中，只有当灯开关位于"AUTO"位置或"近光灯"位置，才能接通夜视辅助系统。每次接通点火开关后，如果想使用夜视辅助系统，都必须将其再次接通。在断开15号接线柱前存储在车钥匙中的上次系统状态，在这时是无法调用的。一旦接通了夜视辅助系统，那么组合仪表显示屏上就会出现热敏图像。先前显示的信息就简化成为组合仪表上方的一个符号（图3-41）。

图3-41 夜视系统开关

（2）对人的识别（图3-42）

- 对人的识别过程非常简单：将有热辐射的物体从其背景中提取出来，与一个标准目录进行对比，以便判断该物体是否是人。
- 如果满足特定的标准，那么该物体就被判定为"人"。
- 当一个物体被判定为"人"后，其热敏图像就会被做上标记，以便让驾驶人在整个图像上更容易看清楚。
- 做上标记就是把这个人像放在一个黄色矩形内，由两个括号包围着。如果在热敏图像中识别出多个人，那么对每个人都会单独做出标记。
- 如果人不是处于直立状态（比如人是坐着、躺着或者弯腰状态），那么夜视辅助系统就识别不出来。

- 当人在图像上部分被遮挡时（比如人处在停着的车后），那么夜视辅助系统也识别不出来。

（3）识别出行人的前提条件

- 要想给人做上标记，那么人在夜视辅助系统的作用范围内与车辆必须保持15~90m的距离。
- 车和行人都处于运动中。
- 人的比例要独特，彼此能明显区分出来。

图3-42 夜视系统识别出行人

- 采用二维图像作为识别的基础。如果人相对于摄像头处于不利位置，那么就会妨碍识别。
- 只对一个图像进行分析是不够的，必须实时对一系列连续图像进行分析才行。
- 夜视辅助系统可以识别骑自行车的人并做出标记。但是，由于骑车人的弓腰姿势以及腿部的周期性弯曲，标记不是一直都有。
- 夜视系统不会识别骑行摩托车的人，因为系统不针对本身有足够的车身照明度的交通参与者。

（4）夜视系统的警告功能

如果夜视辅助系统识别出人并判断有碰撞危险，就会发出警告。警告方式：组合仪表上发出声响信号，同时摄像头图像的黄色行人标记变成红色（图3-43）。

如果发出警告时正赶上组合仪表显示屏上显示的是别的内容，那么组合仪表上方的夜视辅助系统符号就从白色变为红色。声响警报也同时响起（只要驾驶人并未将其关

图3-43 夜视系统识别出行人有碰撞危险

闭）。警告并不会使组合仪表显示屏的显示切换到夜视辅助系统图像（图3-44）。

夜视系统微课

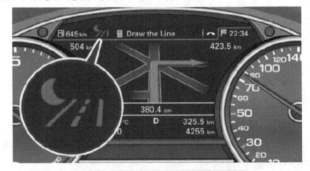

图3-44 正在发出警告的夜视系统

（5）关闭夜视系统

1）再次操作按钮就可以关闭夜视辅助系统。

2) 在光线不够亮（黄昏或黎明）或者黑暗中，未接通近光灯就试图接通夜视辅助系统。

3) 在夜视辅助系统已经接通的情况下，未接通近光灯时光线就不够亮了。

在条件满足第2）、3）条时系统提示接通近光灯后，如果在5s内没有接通近光灯，那么夜视辅助系统会自动关闭。为安全起见，在光线不够亮的情况下不接通近光灯就不能行车。

3. 夜视系统常见故障与诊断分析

夜视系统涉及控制较少，在使用中出现故障的频率很低。常见故障是因为事故损坏或拆装后没有进行校准导致夜视系统无法正常工作。

当出现以下情况时需对夜视系统进行校准：
- 更换了夜视辅助系统摄像头。
- 更换了摄像头支架。
- 更换或拆卸过前保险杠。
- 如果夜视辅助系统控制单元内记录有"没有进行基本设定或基本设定错误"这个故障。
- 对后桥进行过调整。

二、平视显示系统

平视显示系统（抬头显示）是指将各种车辆系统的信息投影显示到扩大的驾驶人视野中的光学系统。如果想了解这些参数，驾驶人不必明显地改变头部位置，只需在端坐的同时将目光投向道路即可。平视显示系统的显示使驾驶人能够快速、精准地获得重要的车辆信息。在带平视显示系统的车辆上使用专门的风窗玻璃可以让人产生这样的感觉：平视显示系统所显示的内容并不是出现在风窗玻璃上，而是出现在离驾驶人2～2.5m的舒适距离上。平视显示内容似乎悬浮在发动机舱盖上方（图3-45）。

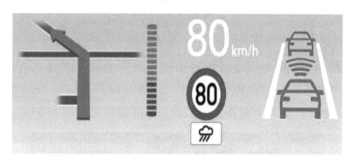

图3-45 平视系统显示内容

1. 平视显示系统结构组成（图3-46）

为产生平视显示，系统用一个非常明亮的光源从后部透射一个高分辨率TFT显示器。此光源共由15个发光二极管组成。其技术构造类似于一个幻灯片投影仪。所发出的光束通过两面转向镜投射到风窗玻璃上。其中一面转向镜是可调的，用于设置平视显示的高度。为了使平视显示图像适合座椅位置或驾驶人的身材，这个设置方式发挥着重要的作用。这两面转向镜的另一个作用是纠正由风窗玻璃的曲率造成的图像变形。系统会使显示图像的光强持续地与当前的环境光线相匹配。为此，控制单元 J898 会分析雨量/光线识别传感器 G397 探测到的环境亮度数值。驾驶人也可以根据自己的需要，通过 MMI 及车灯开关中的显示器和仪表照明基本设置调节器来调节显示亮度。

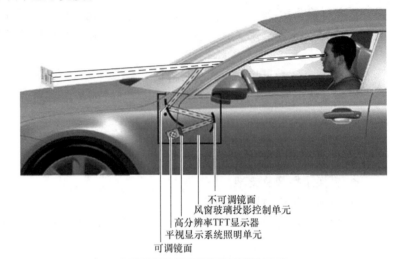

图 3-46 平视显示系统结构组成

（1）风窗玻璃

风窗玻璃是平视显示系统的整套光学系统的重要组成部分。投射的图像在风窗玻璃上发生反射，这使风窗玻璃如同成为第三块镜面。平视显示系统的风窗玻璃与传统风窗玻璃的区别在于，风窗玻璃的两层扁平玻璃中间的 PVB 膜的厚度不是恒定不变的，而是略微呈楔形。因此，风窗玻璃的厚度从下往上略有增加。楔形 PVB 膜使驾驶人不会看到重影（图 3-47）。

图 3-47 风窗玻璃

（2）投影控制单元 J898

平视显示系统的中心元件是风窗玻璃投影控制单元 J898。平视显示系统所需的所有光学、机械和电气元件都安装在这个控制单元中。风窗玻璃投影控制单元 J898 具有自诊断功能，通过地址码 82 响应。它位于紧邻组合仪表正前部的位置（图 3-48）。

图 3-48 投影控制单元 J898

2. 平视系统显示的内容

当前车速是唯一一个持续显示的车辆参数。驾驶人无法在 MMI 中将其关闭（图 3-49）。

图 3-49　显示车速

导航信息只有在目的地引导功能激活时才显示。需要事先在 MMI 中启用显示内容"导航信息"（图 3-50）。

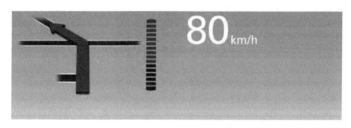

图 3-50　显示导航信息

启用自适应巡航控制系统（ACC）或奥迪主动车道保持辅助系统（Audiactive lane assist）后，就会出现这些信息。需要事先在 MMI 中启用显示内容"ACC/Audi active lane assist"（图 3-51）。

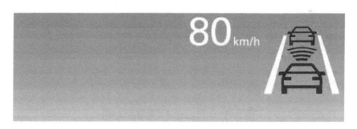

图 3-51　显示车道保持与自适应巡航

ACC 中设置的调节车速被更改后会临时显示在平视显示系统中。需要事先在 MMI 中启用显示内容"ACC/Audi active lane assist"（图 3-52）。

图 3-52　显示更改巡航车速信息

ACC 的调节车距被更改后,这一内容会短时间显示(图 3-53)。

图 3-53　显示更改的自适应巡航车距

在 MMI 中启用显示内容"限速显示"后,交通限速标志就会出现在平视显示系统中(图 3-54)。

图 3-54　显示限速警示

设置的调节车速被更改后会临时显示在平视显示系统中。需要事先在 MMI 中启用显示内容"定速巡航装置"(图 3-55)。

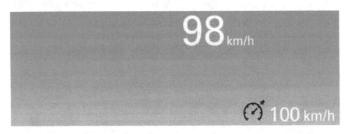

图 3-55　显示临时调节的车速

在 MMI 中启用相应的显示内容后,奥迪夜视辅助系统的警告就会出现在平视显示中(图 3-56)。

图 3-56　显示夜视警示

红色警告标记总是会在平视显示中出现，无法关闭。红色警告标记只会短时间显示。在显示此标记期间，除当前车速以外的所有其他显示内容都会被抑制（图3-57）。

图3-57　显示所有红色警告灯

3. 平视显示系统的校调

用户可以对平视显示的显示高度、亮度和显示内容进行调整，平视显示图像的扭曲变形，是由于各种系统元件的公差所造成的。此时需要通过专用工具和诊断仪对平视显示系统进行校准（图3-58）。

4. 平视显示系统常见故障现象与诊断分析

平视显示系统故障主要表现为更换前风窗玻璃或是拆装过平视显示控制单元后，平视显示系统的图像出现显示扭曲后需要进行重新校准。其他电气故障与常规电气故障没有差异，按照控制单元需工作的供电、搭铁进行检查。如控制单元供电、搭铁均正常，则应检查网络传输是否正常。上述检查如正常，则应该是控制单元损坏，建议替换控制单元尝试。

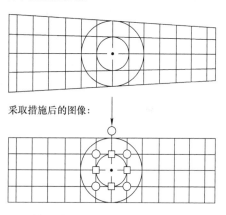

图3-58　平视显示系统校准图像

第四节　换道辅助系统

换道辅助系统（盲点监控）利用雷达传感器监控车辆后方和两侧的环境，在驾驶人变转车道时提供帮助。监控区域包括视觉盲区，同时还对驾驶人侧和前排乘客侧两侧的车辆进行监控。当换道辅助系统识别到可能造成事故风险时通过车外后视镜的警告灯亮起或快速闪烁来提示驾驶人潜在的风险（图3-59）。

1. 结构组成

换道辅助系统主要由两个位于后保险杠内侧的集雷达传感器和控制单元为一体的控制单元、换道辅助开关和集成在左右外后视镜内侧的换道辅助警告灯组成（图3-60）。

（1）换道辅助系统控制单元（图3-61）

控制单元通过它们的天线发射雷达射线，发出的雷达射线被物体反射回来通过两个控制单元的3个接收天线接收测量。通过分析反射回来的雷达射线的物理特性，控制单元能通过反射物体的各种信息，这些信息包括发射和接收的延时、发射和接收信号之间的频率偏移以

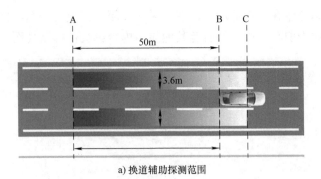

a) 换道辅助探测范围

b) 换道辅助系统监测

图 3-59 换道辅助系统

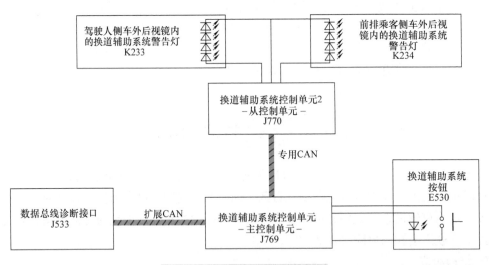

图 3-60 换道辅助系统结构框图

及接收天线上不同的相位能,就可以获得各个物体的当前位置、速度和运行方向等(图 3-62)。

主副控制单元之间的分工如图 3-63 所示。

(2) 换道辅助系统警告灯(图 3-64)

当换道辅助系统识别到某一车道有潜在风险时就会将相应侧的警告灯亮起,如果驾驶人操纵了转向信号灯有变转车道的意图,则警告灯会快闪 4 次提示存在潜在风险。

第三章 驾驶辅助系统新技术

图3-61 换道辅助系统控制单元

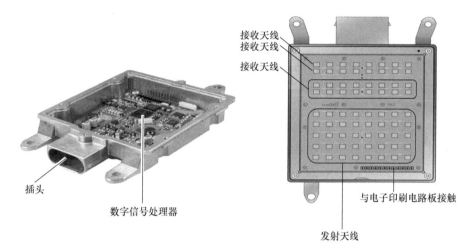

图3-62 雷达传感器内部结构

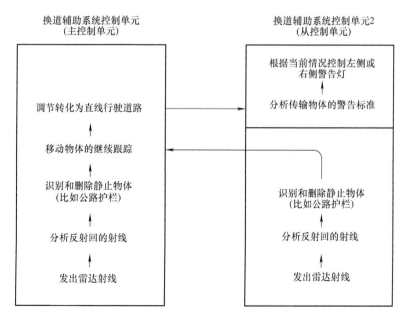

图3-63 主副控制单元之间的分工

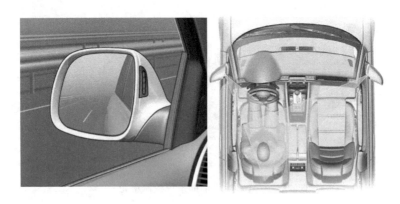

图 3-64　后视镜内侧的换道辅助系统警告灯

(3) 换道辅助系统按钮

通过该按钮激活或关闭换道辅助系统，在此按键激活且车速超过 60km/h，转弯半径不小于 170m 的情况下该系统才可以正常工作。

2. 换道辅助系统工作模式

(1) 行驶场景 1

有车缓慢地超过带有换道辅助系统的车（图 3-65）。

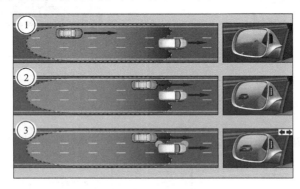

图 3-65　行驶场景 1

第①幅图：在中间车道上行驶的是一辆换道辅助系统已经接通的奥迪 Q7 车。左侧车道上有一辆车在靠近，该车速度比 Q7 车略快一些。这辆车速略快的车已经处于换道辅助系统的监控区域内了。由于当前 Q7 从中间车道变换到左侧车道时还没有撞车的危险，左侧后视镜上的警告灯没有亮起。这是因为两车的速度差太小。

第②幅图：

这时速度略快的那辆车已经接近了 Q7 车，如果 Q7 车从中间车道变换到左侧车道上，就会有撞车的危险。所以这时左侧后视镜上的警告灯就会亮起。只要还有变道撞车的危险，该灯就一直亮着，以警示驾驶人。

第③幅图：Q7 车的驾驶人打开左转向灯表示要变换到左车道，由于这么做马上会导致交通事故，左侧后视镜上的警告灯就开始以更亮一些的黄色来闪烁。这样就可将驾驶人向前看的注意力吸引到左侧后视镜上，从而警告驾驶人变换车道是危险的。接通危险一侧的转向灯就可以让提醒状态的"灯常亮"变为警告状态的灯闪烁。

(2) 行驶场景 2

有车快速地超过带有换道辅助系统的车（图 3-66）

第①幅图：带有换道辅助系统的 Q7 车行驶在中间车道。由于监控区域内没有车辆在行驶（变换车道时也就没有什么危险），车外后视镜上的警告灯不会亮起。

第②幅图：左侧车道上有一辆车在快速接近本车。这时这两辆车的速度差越大，那么 Q7 车上的警告灯亮起就越早。由于在此例中这个车速差较大，左侧车道上的车刚一进入监控区，Q7 车左侧外后视镜上的警告灯就亮起。

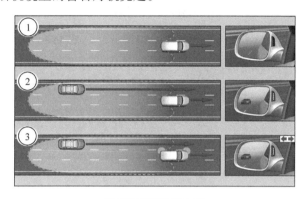

图 3-66　行驶场景 2

第③幅图：接通左侧转向灯后会使得警告灯开始闪烁，以提醒驾驶人变道时有危险。

注意：换道辅助系统最早可在两车相距 50m 时发出警告。这是雷达传感器后部信号接收范围的极限。

(3) 行驶场景 3

带有换道辅助系统的车缓慢超越别的车（图 3-67）

第①幅图：Q7 车在中间车道行驶，想要超越右侧车道上的车。这辆 Q7 车上装有换道辅助系统，该系统已经接通工作了。该 Q7 车的车速略快于右侧车道上行驶的车辆。被超车辆还处于监控区之外，所以右侧车外后视镜上的警告灯没有亮起。

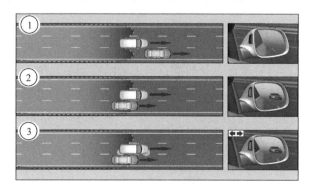

图 3-67　行驶场景 3

第②幅图：右车道上的车进入了 Q7 车的死角。该车处于 Q7 车的换道辅助系统监控区内。Q7 车在从中间车道向右侧车道变道时，可能会引发事故，所以 Q7 车上右侧外后视镜上的警告灯会亮起（常亮）。

第③幅图：如果 Q7 车的驾驶人打开右转向灯表示要变换到右侧车道上，那么常亮的警告灯就转换到快速闪烁状态。

注意：为了能够使得 Q7 车的驾驶人在上述情况下得到警告，这两辆车的速度差不可高于 15km/h。

（4）行驶场景 4

带有换道辅助系统的车超越别的车（图 3-68）

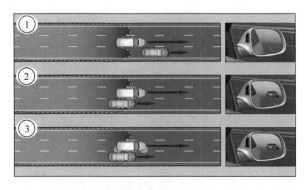

图 3-68　行驶场景 4

第①幅图：Q7 车在中间车道行驶，想要超越右侧车道上的车。这辆 Q7 车上装有换道辅助系统，该系统已经接通工作了。Q7 车的车速比右侧车道上的车快约 25km/h。被超车辆还处于监控区之外，所以右侧车外后视镜上的警告灯没有亮起。

第②幅图：右车道上的车进入了 Q7 车的死角。该车处于 Q7 车的换道辅助系统监控区内。由于车速差大于 15km/h，警告灯就不接通。当换道辅助系统识别出被超车时，Q7 车变换到右侧车道时已经没有危险了。

第③幅图：如果 Q7 车的驾驶人打开右转向灯表示要变换到右侧车道上，那么警告灯仍然保持关闭状态。只有在警告灯先前曾亮起或者识别出变道有危险时，该警告灯才会闪烁。

注意：为了能够使得 Q7 车的驾驶人在上述情况下得到警告，这两辆车的速度差不可高于 15km/h。

3. 换道辅助系统常见故障现象与诊断分析

该系统高度集成化，在正常维修过程中常见故障有：由于调整后轮定位参数或是拆装了换道辅助系统控制单元，需要进行重新校准；换道辅助控制单元位于后保险杠内，常见控制单元由于进水导致损坏；更换了非原厂保险杠以及换道辅助系统传感器上覆盖了其他物体，导致雷达信号的穿透力受到影响，此时换道辅助系统会有故障码"视野受限"。其他方面的故障根据诊断仪提示按常规电气故障进行检查。

复　习　题

一、填空题

1. 巡航系统分为_____和_____。
2. 主动式巡航控制系统主要由_____、_____、_____以及等组成。

3. 奥迪乘员预防保护系统有_____个预警阶段。

4. 奥迪乘员预防保护系统在车速_____时有一个全减速功能。

5. 新 Q7 整体式预防城市版还可以实现首次对行人进行单独识别，并进行_____、制动_____直至_____到车辆停止。

6. 基于新 Q7 预防式整体安全系统城市版新增加两项辅助功能，分别是_____功能和____辅助。

7. 自动泊车主要由____传感器、_____系统、_____系统和_____单元等组成。

8. 自动泊车过程中系统只负责接管____运动，____和____以及选择合适的____这些工作，则仍由驾驶人来负责。

9. 泊车辅助的泊车模式有_____、_____、_____、_____和_____。

10. 车道保持辅助系统可协助驾驶人将车辆_____行驶。当因驾驶人疏忽或精力不集中而使车辆可能要_____时，转向盘会____以提醒驾驶人，从而可以避免交通事故。

11. 主动式车道保持系统当识别到车辆偏离本车道时，控制单元会通过_____纠正车辆行驶轨迹。

12. 主动式车道保持系统工作模式有_____和_____。

13. 夜视系统分为_____系统和_____系统。

14. 平视显示系统唯一持续显示的车辆参数是_____。

15. 换道辅助系统利用雷达传感器监控车辆和_____的____环境，在驾驶人变换车道时提供帮助。

16. 换道辅助系统主要由两个位于后保险杠内侧的集_____为一体的控制单元、换道辅助_____和集成在左右外后视内侧的换道辅助_____组成。

二、简述题

1. 奥迪乘员预防保护系统的 4 个阶段分别是什么？
2. 自适应巡航控制系统在哪些情况下需要进行雷达传感器的校准？
3. 泊车辅助系统关闭条件有哪些？
4. 车道保持辅助系统在哪些条件下无法正常工作？
5. 主动式车道保持与之前的车道保持系统相比有哪些改进？
6. 在哪些情况下会关闭夜视系统？
7. 平视显示系统有什么优点？
8. 换道辅助系统有哪些功能？

第四章 车身电气新技术

第一节 车身电子稳定系统

车身电子稳定系统是基于 ABS 的升级版,其核心传感器是横向偏摆率、横向加速度传感器和转角传感器,作用是在车辆转向不足和转向过度产生侧滑倾向时对单个或一侧车轮进行制动,同时减小发动机转矩,以帮助驾驶人将车辆稳定在驾驶人期望的路线内。由于生产公司不同,所以称谓上有所不同。丰田汽车公司开发的称为 VSC 系统,本田汽车公司开发的称为 VSA 系统,博世公司开发的称为 ESP 系统,日本电装公司开发的称为 DSC 系统,沃尔沃公司开发的称为 DSTC 系统,大陆集团、德尔福、伟世通等企业基本统一称其为 ESC,该系统可帮助驾驶人在紧急制动来避免事故已经无望的情况下紧急避开障碍。停用 ESP,在紧急避让时车轮的抓地力会明显下降,车辆失控滑行甚至可达数米之远(这种情形在车辆高速行驶过程中,尤其是在高速公路等路况,足以酿成交通惨剧)。而启用 ESP,则可以在不踩制动踏板的前提下相对平稳地实现紧急避让,这为高速行驶的车辆提供了较强的安全保障。

1. 车身电子稳定系统结构组成(图 4-1)

① 液压控制单元带 ECU 和压力传感器
② 车轮转速传感器
③ 转向角度传感器
④ 横摆率和横向加速度传感器
⑤ 发动机控制单元
⑥ 节气门控制
⑦ 喷油阀
⑧ 点火单元
⑨ 加速踏板传感器

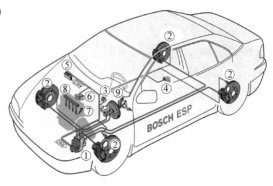

图 4-1 ESP 结构组成

2. 传感器的主要作用

1)轮速传感器,用来跟踪每一车轮的运动状态(滑移率)。

2)转向盘转角传感器,用来传递转向盘转角变化的信息,在紧急避让和转向时提醒系统进入工作状态。

3)横向偏摆率传感器,用来记录汽车转向行驶时的偏摆角度(侧滑的方向),是过度转向,还是不足转向,以便通知相反一侧车轮制动。

4)横向加速度传感器,用来检测转向行驶时的横向滑移距离,以便决定相反一侧车轮是一个车轮制动,还是两个车轮制动,以及采用多大的制动力矩。

5)纵向加速度传感器（选装件），用来检测转向行驶时的纵向滑移距离。缺少了"纵向加速度传感器"这一设置，说明这套 ESP 可能不包含循迹防滑功能。

3. 车身电子稳定系统的工作模式

（1）不足转向

当车辆出现不足转向，通过对内弧线后部车轮施加相应的制动，并对发动机和变速器管理系统施加控制，ESP 可以阻止车辆向外驶出弯道（图 4-2）。

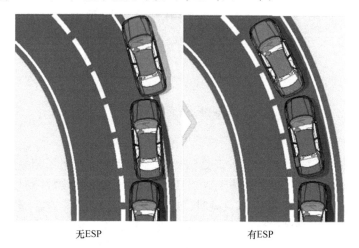

图 4-2 不足转向工况

（2）转向过度

当车辆出现过度转向，通过对外弧线前部车轮施加相应的制动，并对发动机和变速器管理系统施加控制，ESP 可以阻止车辆向内滑移（图 4-3）。

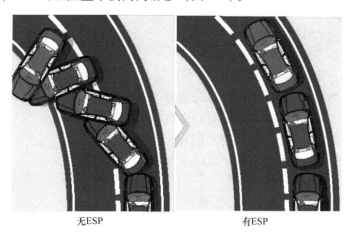

图 4-3 转向过度

（3）躲避障碍物

ESP 系统的作用是在车辆紧急避让障碍物，或在转弯时出现不足转向、转向过度时，最大限度地保持原有轨迹（图 4-4）。即通过横向偏摆率传感器信号得知车辆侧滑的方向，通过横向加速度传感器信号得知车辆侧滑的距离，通过反向制动（是单个车轮制动，还是两个反向车轮制动,采用多大的制动力矩,则根据横向加速度传感器提供的侧滑距离而定)和限制发动机输出转矩帮助车辆克服偏离理想轨迹的倾向。所谓不足转向是指转弯半径变大。所谓过度转向是指转弯半径过小。所谓中性转向是指转弯半径不变。

图 4-4 躲避障碍物

4. ABS、ESP 常见故障分析

ABS、ESP 常见故障是传感器失效或是信号失真导致 ABS 产生了相关的故障码,在这种情况下 ABS 退出工作。由于 ESP 是基于 ABS 工作的,当 ABS 出现故障时,ESP 系统当然也无法正常工作。当 ABS、ESP 故障灯点亮时,应首先通过诊断仪检查存储了什么故障码,然后再根据故障码进行诊断分析检查。需要注意的是,ESP 系统额外增加了转角传感器和横向偏摆率、横向加速度传感器,上述传感器在断电或更换控制单元后需要进行自适应匹配。部分装配了电动助力转向的车型的转角传感器集成在电动转向器内,在匹配转角传感器时应在电动助力转向系统内进行;此时如在 ABS 内进行自适应转角传感器则无法成功匹配。不同车型匹配方法也不同,有的车型是将转向盘向左和向右转到底并保持几秒然后就可以进行自适应;有的车型必须借助诊断仪进行匹配,具体匹配操作以诊断仪提示为准。

5. 典型案例

车型配置:奥迪 A6L,装配 2.0T 发动机。

故障现象:客户反映 ESP/ABS 灯常亮。

诊断排除过程:用诊断仪检查 ABS 控制单元,有故障码"左后 ABS 车轮转速传感器 G46 不可靠信号(静态),右后 ABS 车轮转速传感器 G44 不可靠信号(静态)";读取四个轮速传感器数据,发现两后轮数据在正常行车过程中为"0"。

根据初步检查结果,分析故障可能原因有:

1) 两后轮速传感器到 ABS 控制单元线路存在虚接或断路。
2) 两后轮速传感器损坏。
3) 两后轮速传感器靶轮脏污或是松动。
4) ABS 控制单元内部故障。

排除过程:

首先检查两后轮速传感器靶轮,没有脏污和松动,检查两后轮速传感器到 ABS 控制单元线路,不存在虚接和短路现象。尝试对调 ABS 泵总成,试车 20km 故障再次出现;检查仍然是两后轮速传感器信号不可信,进一步检查发现在 ABS 控制单元插接器处去往两轮速传感器的插头存在松动虚接现象。修理该端子后故障排除。电路图见图 4-5。

总结分析:控制单元插接处虚接很容易产生错误诊断,在检查线路时应使用专用端子探

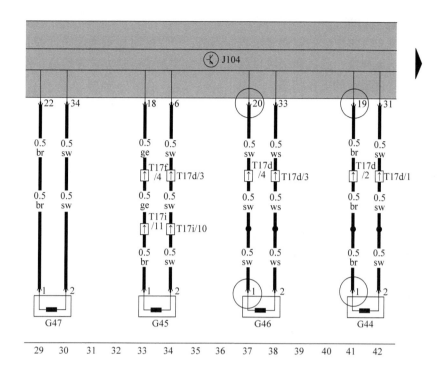

图 4-5 轮速传感器相关电路图

针确认是否插接器针孔存在松动。正常情况下探针在针孔内来回移动应有明显阻力，如感觉阻力不明显，应和其他工作正常的针孔做比对。

第二节　自动空调系统

自动空调可以对车内空气的温度、湿度、清洁度、风量和风向等进行自动调节，给乘客提供一个良好的乘车环境，保证在各种外界气候和条件下使乘客都处于一个舒适的空气环境中，而且还能进行故障检测。

1. 自动空调系统的功能

（1）汽车空调自动调节功能

包括车内温度和湿度自动调节、回风和送风模式自动控制以及运转方式和换气量控制等。控制单元根据驾驶人或乘客通过空调显示控制面板上的按钮进行的设定，使空调系统自动运行，并根据各种传感器输入的信号，对送风温度和送风速度及时地进行调整，使车内的空气环境保持在最佳状态。控制单元还可以根据气候变化通过选择送风口，改变车内的温度分布；根据各种传感器输入的信号，对送风温度和送风速度及时地进行调整，使车内的空气环境保持最佳状态。

（2）经济运行控制功能

当车外温度与设定的车内温度较为接近时，控制单元可以缩短制冷压缩机的工作时间，甚至在不起动压缩机的情况下，就能使车内温度保持设定状态，达到节能目的。

(3) 全面的显示功能

通过安置在汽车仪表板上的空调显示控制面板，可以随时显示当前的设置温度、车内温度、车外温度、送风速度、回风和送风口状态以及空调系统运行方式等信息，使驾驶人能够及时全面地了解空调系统的工作状态。

(4) 多区域温度控制

红外线传感的双区域温度控制自动空调，可以在车内形成两个温度区。这主要是为驾驶人和乘客对温度的不同需求准备的。

(5) 恒温空调

恒温空调的一个特点就是在过热或过冷的时候禁止直接猛开空调，这样不但影响健康，也耗油。恒温空调会在很短的时间内，逐步地达到调节的温度。

(6) 自动切换内外空气循环

自动空调根据设定温度开启或者关闭压缩机，比如车外温度高于设定温度时，车内温度达到设定温度压缩机自动关闭，车内温度高于设定温度压缩机自动开启；如果车外温度低于设定温度时，压缩机不工作，自动开启暖气。

车内温度达到设定温度时自动开启外循环，当车内温度与设定温度相差比较大的时候开启内循环。

2. 自动空调系统的组成

自动空调系统由四部分组成：一是传感器部分，专门负责温度信息反馈。二是系统"控制中枢"，也就是空调控制单元。三是控制部件执行器，包括根据蒸发器温度变化，通过控制变排量空调泵的电子调节阀，实现空调压缩机不停机化霜的电子膨胀阀，以及冷凝器电动机、蒸发器电动机、混合气流电动机、气流方式电动机等，用以控制冷暖气组合，开启或关闭正面、侧面和脚部的出风口。四是自检及报警部分。

(1) 自动空调系统的传感器

自动空调系统的传感器一般有室内温度传感器、环境温度传感器、蒸发器温度传感器、阳光传感器、冷却液温度传感器等。在驾驶人设定好温度后，只需要按一下按钮就可以变为自动模式，不用再去调节风量，以及出风口。它会自动按照自身程序设定的模式自动调整出风量，以及出风口，在最短的时间内把温度调节到所设定的大小。当温度逐渐接近后，风量会逐渐慢慢变小、变弱。

1) 环境温度传感器负责检测汽车外面的空气平均温度（图4-6）。自动空调会根据外界的温度和驾驶人所设定的温度差来自动进行制冷或制热。室外温度低于室内温度，空调停止制冷。环境温度传感器断路或搭铁线接触不良，数据流会显示环境温度为-30℃，此时空调不制冷。

为了测出车内空气的平均温度，在传感器外壳内安置了一台微型鼓风机。微型鼓风机从车厢内吸入空气，空气在流经温度传感器时，热敏电阻根据空气温度的高低，输出相应的电压信号到汽车空调控制单元。车内温度达到了设定温度，空调压缩机自动关闭，室内温度高于设定温度时压缩机自动开启。

2) 蒸发器出口温度传感器用来检测经蒸发器冷却后出口侧的空气温度，即检测蒸发器表面温度的变化，用于控制空调压缩机的工作状况。蒸发器出口温度传感器安装在空调蒸发器片上，如图4-7所示。

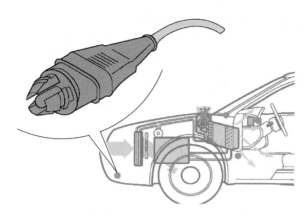

图 4-6 环境温度传感器

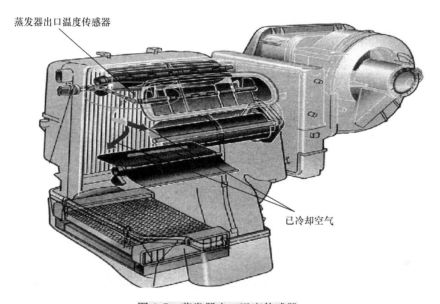

图 4-7 蒸发器出口温度传感器

普通蒸发器出口温度传感器的作用是：温度控制系统将检测到的温度信号与空调设定的调节信号加以比较，从而控制空调压缩机电磁离合器的通断。

自动空调系统利用蒸发器出口温度传感器热敏电阻信号进行控制，当蒸发器表面温度低于设定温度时，微处理器发出指令，增大电子膨胀阀的脉冲数，即增大电子膨胀阀的开度，使蒸发压力上升，蒸发器的表面温度升高。当蒸发器的表面温度高于设定温度时，蒸发器表面的霜则融化，不仅可以防止蒸发器出现结冰现象，又可以实现空调压缩机不停机即可完成蒸发器化霜。该除霜装置避免了压缩机的频繁起动，减少能耗，增加了系统的稳定性，易于实现轿车空调的智能控制。

蒸发器出口温度传感器检测：以雷克萨斯 LS400 轿车蒸发器出口温度传感器为例，在 0℃时，电阻值为 4.5~5.2kΩ；在 15℃时，电阻值为 2.0~2.7kΩ。当温度升高时，其电阻值逐渐降低。

3) 阳光传感器负责检测车内空气温度受太阳照射影响而变化的太阳辐射能量，因此安装在汽车仪表板上方能被风窗玻璃外太阳照射的地方。阳光传感器是通过感应阳光辐射的强度来对汽车空调的工况和输出状态进行适时调整控制；阳光传感器还根据阳光照射的角度，自动把被照射一侧区域的空调温度调低一点，风量调大一点。

4）冷却液温度传感器位于发动机出水口，它将冷却液温度反馈至控制单元，当冷却液温度过高时（达到或超过120℃），控制单元能够断开压缩机离合器而保护发动机。

各个传感器将温度信息反馈到控制单元，控制单元通过混合风门的冷暖风比例控制空气流的温度。例如，当温度过低时，控制单元指令冷气流经加热芯管升温，当温度过高时则增大冷气，当车厢内温度达到预定值时，控制单元会发出指令停止混合风门伺服电动机运转。同时，控制单元还通过方式风门伺服电动机控制气流流向，确定出风口的吹风角度。

有些轿车的自动空调还装有红外温度传感器，专门探测驾驶人和乘客面额部的表面皮肤温度。当传感器检测到人体皮肤温度时也反馈到控制单元。这样，控制单元有多种传感器的温度数据输入，就能更精确地控制空调。驾驶人只要操作旋钮或按键，设置所需温度及鼓风机转速，以后一切事情都由自动空调控制系统处理。

（2）空调各种控制开关

1）空调制冷开关（A/C）。空调系统在自动模式下运行时，空调制冷开关始终保持着开启状态。此时，按一下该按键可以停止空调制冷，同时在显示屏上显示"ECO"符号。若要重新恢复空调的自动运行，再按一下该键即可。恢复后，显示屏上又显示"A/C"符号。这里要说明的是，为了避免在寒冷或潮湿天气时汽车玻璃内侧蒙上雾气，最好避免关闭"A/C"功能。还有，在使用空调时停车，车底地面上出现水迹，这是空调工作时产生的冷凝水，属于正常现象，绝非车辆出现故障。

2）空气内外循环控制按键。按下此键，执行空气车内循环。此时显示屏显示空气循环标记，空气车内循环使车舱内空气和车外环境隔离。共有两种空气循环模式：内循环模式和外循环模式。此按键的功能就是实现这两种模式的切换。在空调制冷时，应选择内循环模式。

在内循环运行模式下，不应该在车内抽烟，因为烟雾颗粒会沉积在空调设备的蒸发器上，这样会导致开启空调时有异味出现，而该情况只能通过劳民伤财的更换蒸发器来解决。

在行车的过程中如果长时间不使用外循环模式，会造成缺氧，容易使人犯困并且不利于健康，特别新车，车内含有的杂质对身体健康不利。在遇到灰尘的时候很多人习惯马上关闭外循环，其实少量灰尘并不影响车内空气的质量，空调滤清器的功能就是过滤掉车内空气中的杂质。

3）除霜按键。

① 前风窗玻璃除霜按键。由于在某些特定环境下，舒适度自动调节程序可能不足以除去前风窗玻璃上的雾气和霜，此时选用此程序便可恢复前风窗玻璃的洁净。按下此键，前风窗玻璃除霜功能开启，显示屏上相应位置显示有一个和按键上一样的图案。

② 后风窗玻璃及车外后视镜除霜按键。当车内外温度差异比较大或者雨雪天气的时候，车后窗玻璃以及车外后视镜会看不清，这样会给驾驶人驾驶车辆造成很大的麻烦。此时，按一下这个按键，就可以把后车窗以及车外后视镜加热，使其变得清晰透亮，方便驾驶人从后视镜中观察车后情况。想关掉此功能，再按一下按键即可。该功能开启时，显示屏上相应位置也显示有一个和按键上一样的图案。

4)舒适度自动调节按键（AUTO 键）。按下 AUTO（自动）按键，系统将会根据使用者选择的舒适度数值自动调节车内的空气环境。为此，系统将自动调节温度、出风量、气流流向分配、内外循环以及空调制冷运转。自动空调会全自动保持所设置的车内温度，此外，出风口吹出的空气温度以及风扇状态和气流方向也都会自动改变。阳光的照射也在设备的考虑范围之内，这样就可以省去手动再调整的麻烦了。自动模式几乎在一年四季里的所有情况下都能为车内成员提供最佳乘车环境。

5）控制器作用。

① 手动空调控制面板包括开关和制冷强度调节钮，具体包括电磁离合器的控制、鼓风机的控制和风扇的控制（图 4-8）。

② 自动空调按设定的温度进行自动调节。如果按下除霜键时，内循环空气运行就自动切断；如果汽车要迅速取暖或制冷，可以选择内循环空气运行（图 4-9）。

图 4-8　手动空调控制面板

图 4-9　自动空调控制面板

3. 通风系统的作用

通风系统的作用是保持车内空气的新鲜，将车外新鲜空气引入车内，把车内污浊空气排出车外，见图 4-10。开启后前出风口和下出风口风量减小，同时前风窗出风口和活性炭出风口出风。这样既达到调节车内温度的目的，又避免冷风直接吹人，时间过长造成头痛。当按下操控面板上的某个送风方式键时，空调控制单元便将电动机上的相应端子搭铁，电动机

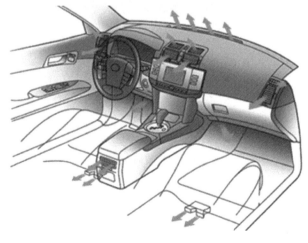

图 4-10　车内通风系统示意图

内的驱动电路据此使电动机连杆转动,将送风控制风门转到相应的位置上,打开某个送风通道。

当进行温度调节时,空调控制单元控制空气混合伺服电动机连杆顺时针或逆时针转动,改变空气混合风门的开启度,从而改变冷暖空气的混合比例,调节送风温度,见图4-11。

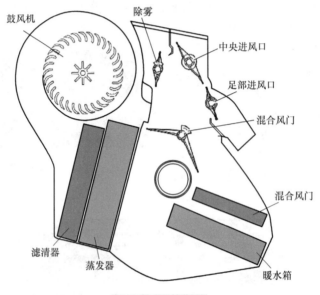

图4-11 空气混合

4. 暖风系统作用

在冷天,暖风系统(图4-12)可以把车内的空气或车外准备进入车内的空气加热,提高车内的温度。

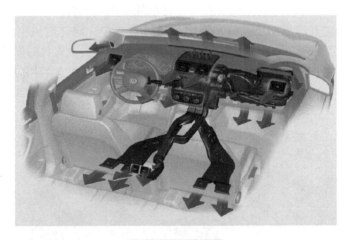

图4-12 暖风系统

5. 空调制冷效果评价

(1)前提条件
- 环境温度高于15℃。
- 散热器和冷凝器应洁净,必要时进行清洁。

- 压缩机传动多楔带正常且已正确张紧，带轮正确驱动压缩机。
- 所有空气导管、盖板和密封件均正常且安装正确。
- 通过粉尘及花粉过滤器的送风能力未受污物的影响，进气系统未受污物或后来安装的部件影响。
- 车辆未放置在太阳光照射下。
- 发动机已达到工作温度（冷却液温度高于80℃）。
- 已查询并删除空调控制器故障存储器的故障记忆，已执行基本设置并检测空调控制单元的编码与匹配。
- 所有仪表板出风口均开启。
- 发动机舱盖已关闭。
- 发动机正在运转。

（2）操作步骤
- 自动运行模式（AUTO按钮上的指示灯）。
- 温度预选冷（多媒体界面的显示器）。
- 压缩机接通（AC上的指示灯）。
- 新鲜空气鼓风机预选最大转速。
- 手动更改鼓风机转速时，AUTO按钮中的指示灯熄灭。
- 将发动机转速提高到2000r/min（开始时间测量）。
- 使用诊断仪读取数据块，出风口温度应在5~8℃，空调制冷效果合格。

6. 空调故障诊断分析流程图

空调故障诊断分析流程如图4-13所示。

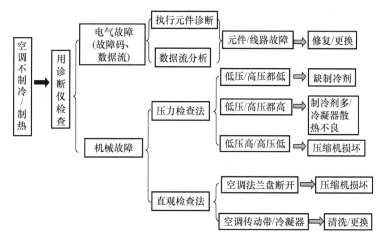

图4-13 空调故障诊断分析流程图

7. 典型案例

车型配置：奥迪A3，装配1.4T发动机。

故障现象：空调制冷时有时无。

诊断排除过程：用诊断仪读取空调系统，无故障码，读取相关数据流如图4-14所示。

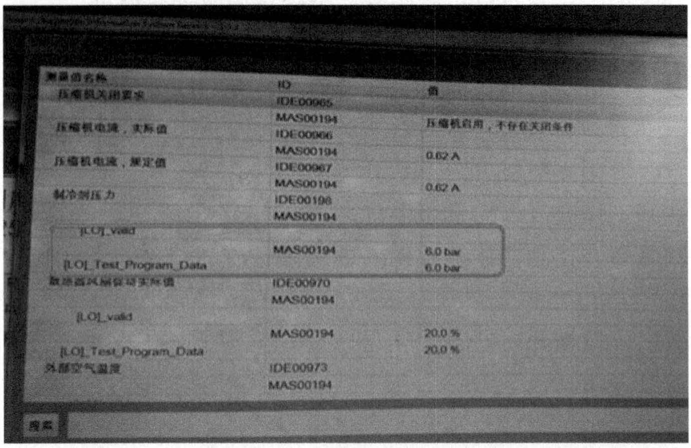

图 4-14 故障车数据流

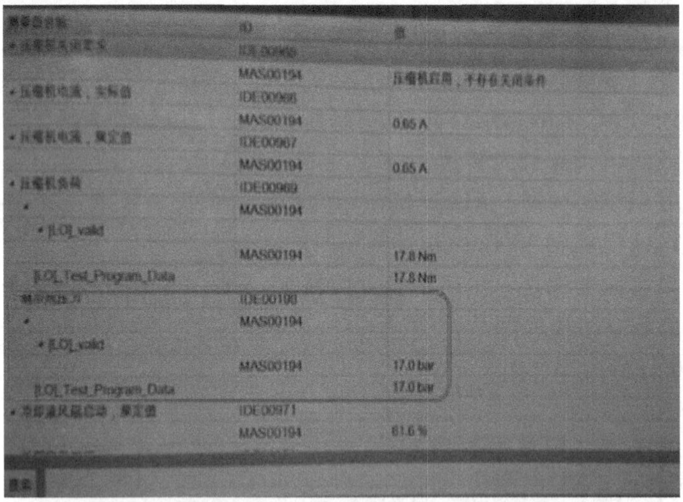

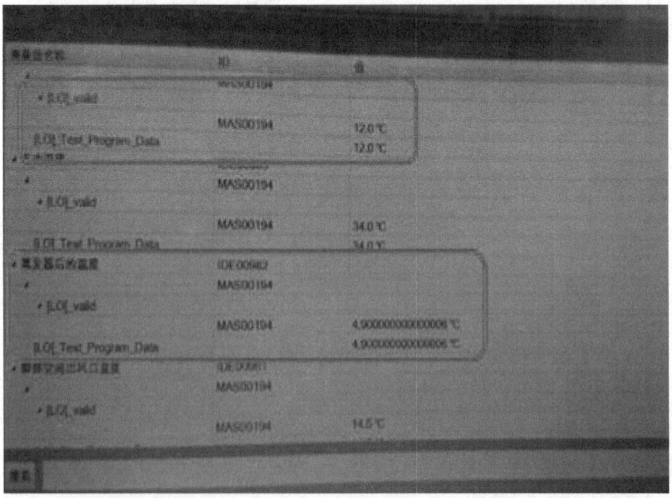

从这组数据可看到以下几个问题：

1）压缩机无切断原因，可以接通；但接通后空调静态压力有时没有发生变化，还是600kPa，说明 N280 存在机械卡滞的问题；

2）N280 工作正常时，蒸发器温度为 4.9°，出风口温度为 12°，明显高于空调正常参数，说明空调系统中制冷剂总量不足。

该车不提供单独 N280，更换空调泵并重新按规定加注制冷剂后空调制冷效果良好。

第三节 防盗止动系统与车内监控

一、防盗止动系统

防盗止动系统的目的是防止非法利用汽车自身动力将车辆盗走，其最终目的就是防止非法起动发动机。随着汽车技术的进步，防盗系统也从最开始的只有钥匙和发动机控制单元之间验证固定码演变为钥匙、防盗主控单元、电子转向柱锁、发动机控制单元和变速器控制单元之间的多重固定码和可变码的验证，有效防止了车辆的非法盗抢，为车主的财产安全提供了更大的保障。下面以奥迪第四代防盗系统为例，介绍防盗系统的工作原理。

1. 防盗系统组成结构

防盗系统组成结构如图 4-15 所示。

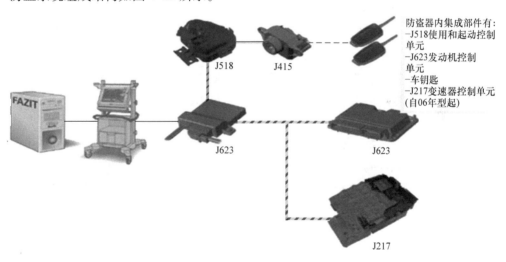

图 4-15 奥迪第四代防盗系统

2. 防盗止动元件的作用

（1）使用和起动控制单元 J518

在奥迪 A6 车上，防盗器是集成在使用和起动控制单元 J518 内的，J518 是防盗系统的主控单元。J518 与转向柱不可拆分，必须与转向柱一起整体更换（图 4-16）。

J518 主要功能：

1）接线柱控制：使用和起动控制单元将接线柱 15、75x、50、S 和 P 的信息放到 CAN 舒适总线上，然后控制单元操纵接线柱 15 和 75x 的继电器并将起动请求信号发送给发动机控制单元。

2) 锁止转向柱：在使用和起动控制单元内集成有用于锁止转向柱的电动机和传动机构。有两个集成的微开关用于检查锁止位置，只有当转向系统完全开锁时，15号接线柱才接通。

3) 防盗锁和元件保护：该控制单元是这些功能的主控制器。

4) CAN 通信：该控制单元是 CAN 舒适总线的用户，使用和起动系统的所有元件都通过该控制单元进行数据

图 4-16　防盗主控单元

交换；同时也是相关元件的诊断转接口。所有数据，如编码、防盗器数据等都存储在使用和起动控制单元内。

5) 读入自动变速器控制单元 J217 的 P/N 信号：该信号用于激活组合仪表 J285 内发动机起动操作的提示显示。

(2) 发动机控制单元 J623

所有的发动机控制单元都是防盗器的组件，必须完成在线匹配后才能接通使用。发动机控制单元负责和防盗主控单元之间的二次可变码的相互验证（图 4-17）。

(3) 自动变速器控制单元

2005 年以后车型装配防盗器功能变速器控制单元后，需要进行变速器控制单元防盗器匹配。未经匹配的新的变速器控制单元最高限速 20km/h，而匹配过的变速器控制单元如不经过在线防盗匹配则无动力输出。如果只是变速器控制单元未完成自学习过程，那么发动机是可以起动的。变速器控制单元可识别出没有防盗器信息或该信息是错误的，此时驾驶人可以手动切换变速杆位置，但控制单元会阻止动力到达输出轴。

(4) 钥匙

车钥匙最多可适配 8 把。对于第四代防盗系统的车钥匙，其机械和电子部分在出厂时已经与所属的车进行了预编码。也就是说：不但在钥匙上铣出了内槽，并且还进行了基本编码（将车辆数据写入钥匙内），这样使得订购的钥匙只能与该车适配。由于该原因，钥匙坯料是不能使用的。

(5) 使用和起动开关 E415（图 4-18）

图 4-17　发动机控制单元 J623

应急开锁

图 4-18　使用和起动开关

使用和起动开关 E415 的作用：

1）估算点火开关内钥匙的位置：点火开关内用四个开关来估算点火钥匙的位置，这些开关的信息通过局域网总线及双导线（起监控作用）以二进制代码形式传送到使用和起动控制单元上。点火开关内的锁芯不是机械码式的，因此使用任何一把钥匙均可转动。

2）使用和起动控制单元的转向锁支路：为了避免自动锁止转向柱，除了在使用和起动控制单元内关断外，还须在使用和起动开关内终止对机电式转向锁止机构电动机的供电。当15号接线柱接通时，供电总是处于被切断状态。

3）读入使用和起动按钮 E408 的信息：使用和起动按钮的位置信息由使用和起动开关来使用，是出于安全考虑的。

4）读入中央门锁和防盗警报装置天线 R47 的信息：使用和起动开关将汽车钥匙通过遥控发来的数据信息发送到使用和起动控制单元，该单元会处理这些数据信息。

5）通过集成的读出线圈与钥匙进行数据交换：如果钥匙已插入使用和起动开关内（S触点接合），那么电子装置就通过读出线圈将电能输送到钥匙内，然后钥匙通过脉冲转发器和读出线圈将钥匙识别码发送到该开关内，该开关再将这个信息发送到使用和起动控制单元。

6）对自动变速器来说，从变速器 P 位的开关 F305 中读入档位 P，这个信号用于操纵集成的电磁式点火开关防锁止机构。当蓄电池没电时，可以按下机械式应急开锁机构拔出钥匙。

3. 防盗系统控制策略

奥迪第四代防盗系统控制策略如图 4-19 所示。

4. 奥迪第五代防盗系统（图 4-20）

舒适系统控制单元 J393 是防盗锁的主控单元，同时，该控制单元也集成了智能进入起动控制单元 J518 的功能。图 4-20 中较粗边框中的组件都是防盗锁组件，而较细边框的组件仅传输防盗信息。配置了第五代防盗系统的车辆，在防盗系统执行任何操作之前必须先通过诊断仪与 FAZIT 数据库建立在线连接。

（1）J393 有关防盗方面的功能

1）电动转向柱锁 ELV：通过 LIN 总线与 ELV 控制单元进行通信，通过分立线路输出锁定激活信号，读取 ELV 中"接线端15"使能信号。

2）电子点火锁 EZS 与相关功能：通过 LIN 总线与 EZS 进行通信，读取 EZS 中微型开关信息，激活点火钥匙防拔出锁接线端管理。

3）高级钥匙：激活所有无匙天线，读取所有车门中的电容传感器信息，读取起动/停止键信息。

4）安全功能：第五代防盗系统主设备、组件保护系统、用户撞车信号评估。

5）防盗报警系统（ATA）：通过 LIN 总线与防盗报警传感器进行通信；通过 LIN 总线与报警喇叭进行通信。

（2）汽车钥匙

钥匙插入点火锁，从而按动不同的微型开关通过 E415 将点火开关状态发送给 J393；发送无线电信号以启动中控锁系统；存储防盗锁所需的数据；存储车辆数据以便运行"奥迪服务钥匙"功能；通过进入授权天线信号定位当前钥匙位置；含一个机械式应急钥匙。

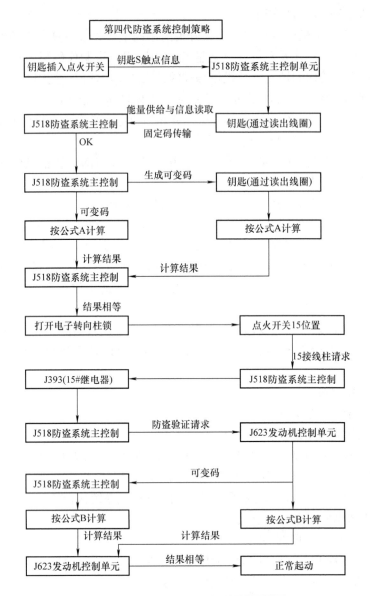

图 4-19 奥迪第四代防盗系统控制策略

(3) 电子点火锁 E415

电子点火锁 E415 具有一个所谓的 S 触点微型开关，钥匙插入到点火锁后，该开关会连接搭铁线。舒适系统中央控制单元 J393 直接读取此微型开关的信息。钥匙防拔锁中的磁吸装置也由舒适系统中央控制单元直接供电。同车钥匙相互交换的信息，将通过 LIN 总线传递至点火锁，然后由电子点火锁接收并处理。点火锁中的电子设备随即激活读出线圈以便传输数据（图 4-21）。

(4) 电子转向柱锁 J764

转向柱能锁止的前提条件是在两个 ELV 使能导线上识别到电源电压。也就是说当转向柱未锁止时，接线端 30 是一直连通到相应的 ELV 使能导线上的。如果舒适系统中央控制单元 J393 接收到"接线端 15"的请求信息，那么必须在接通接线端 15 之前检查转向柱是否成功松开（图 4-22）。

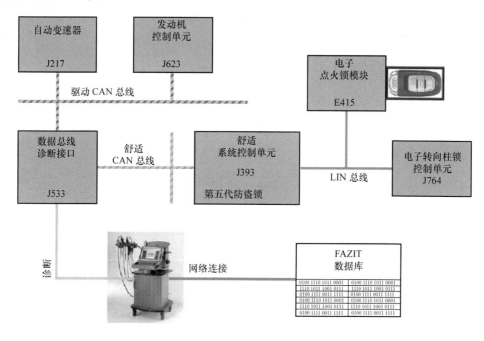

图 4-20 奥迪第五代防盗系统

图 4-21 电子点火锁

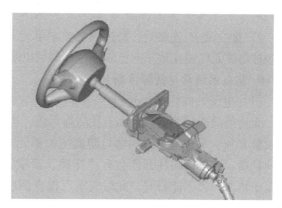

图 4-22 电子转向柱锁

5. 第五代防盗系统接线柱控制策略（图 4-23）

第五代防盗系统如果使用电子点火锁中的汽车钥匙起动，则发动机起动前防盗器将发出若干个问询信号并做出相应的反应。

1）在识别到 S 触点后，汽车钥匙将和舒适系统控制单元 J393 交换防盗器数据，然后舒适系统控制单元评价该钥匙是否为被授权的钥匙。

2）舒适系统控制单元 J393 与电子转向柱锁控制单元 J764 交换防盗数据。确认转向柱锁是否在该车上匹配过，如果确认通过，舒适系统控制单元将打开转向柱锁止。

3）舒适系统控制单元 J393 接通端 15。

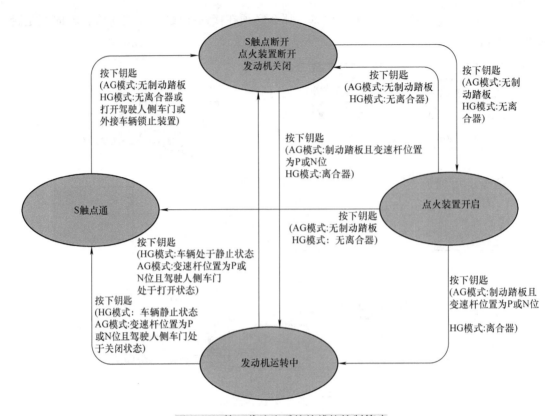

图 4-23 第五代防盗系统接线柱控制策略

4）接线端 15 连接后，舒适系统控制单元会与发动机和变速器控制单元进行通信。若这些控制单元已经在该车上已匹配过，则可以起动发动机。

6. 防盗系统常见故障诊断分析

（1）电子转向柱无法开锁

无论是第四代防盗还是第五代防盗系统，当钥匙插入点火开关后，点火开关将 S 触点信号发给 J518；首先会进入钥匙与防盗主控单元之间的密码验证，如验证通过则会打开电子转向柱锁。电子转向柱开锁会有"咔嚓"声响，同时可转向盘有轻微的转动。如钥匙插入后电子转向柱锁不能打开，此时应重点检查钥匙是否合法、点火开关电源及到 J518 线路是否正常、J518 电源是否正常。可以通过打开双闪人工输入车辆信息进入引导型功能里读取防盗有关信息。

（2）电子转向柱已开锁但无法打开 15#电源

这种情况钥匙与防盗主控单元的防盗验证已通过，对于第五代防盗主控单元与电子转向柱锁也已完成防盗验证。此时 15#电源无法打开重点检查 J518 至 15 继电器 J329 相关控制线路和 J329 的 30 供电和 87 端子输出电压是否正常、J329 本身是否能正常工作。

（3）15#电源可以打开，但发动机无法起动

这种故障是发动机防盗信息和防盗主控单元之间的验证没有通过，或是发动机控制单元本身电源及网络通信有故障。此时通过两三次起动后会在 J518 防盗系统主控单元或相关控制单元内生成有关故障的测试计划。根据测试计划做匹配或是执行更换发动机控制单元测试

计划就可以排除本故障。若系统不能生成测试计划，则应检查相关控制单元的电源及网络线路。

7. 典型案例

车型配置：奥迪 C7，装配 2.5 缸内直喷发动机。

故障现象：贴膜后无法起动。

诊断排除过程：

客户反映该车正常开到美容店进行贴膜，但贴膜结束后发现车辆无法起动。故障车拖进服务站后验证故障，发现不仅点火开关无法打开，而且电子转向柱也无法解锁。

该车采用无钥匙起动，控制流程如下（图 4-24）：

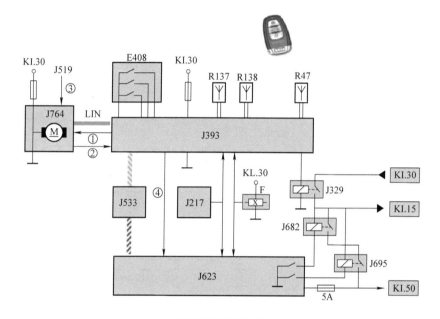

图 4-24 控制流程

1）按下起动/停止开关 E408，将客户需求发送给 J393。

2）J393 收到 E408 的请求后，起动无钥匙起动室内天线 R137 和 R138 搜索钥匙。

3）搜索到钥匙并激活钥匙信号通过 R47 反馈给 J393。

4）J393 验证钥匙的合法性，如合法则通过 LIN 线和专用使能向 J764 发出解锁信号。

5）J764 成功解锁后通过 LIN 线和另外一根专用使能线向 J393 反馈解锁成功。

6）J393 控制 15＋电源继电器 J329 接通，此时点火开关打开。

7）在上述条件满足的同时，如果变速杆处于 P/N 位和制动踏板已踩下，发动机起动。

通过上述原理可以看出，该车 J764 根本没有解锁。所以可能导致本故障的原因有：①起动/停止开关 E408 信号没有正确给到 J393；②J393 没有搜索到合法钥匙；③J393 到 J764 的 LIN 线或使能线存在断路或短路现象；④J764 本身故障或是供电搭铁故障；⑤J393 本身故障或是供电搭铁故障。

首先进入"05 起动许可系统"读取数据流，发现 E408 三个开关信号均能正确到达 J393，读取 IMS 防盗系统总体状态发现 J393 已经识别到合法钥匙，这排除了是否能搜索到合法钥匙和 E408 请求信号问题。因读取 IMS 时要求将钥匙贴在 D2 处，钥匙信号通过 D2 的 LIN 线传到 J393，而 J764 和 D2 共用一条 LIN 线，所以 LIN 发生故障的可能性已非常低。检查 J764 和 J393 的供电和搭铁正常，排除了因电源问题导致控制单元无法正常工作的原因。此时故障集中在了 J764 和 J393 上，如何确定这两个控制单元是哪一个损坏？在跨接 15＋电源做引导型故障查询时显示四门控制单元均不存在。四门控制单元 J386、J387、J388、J389 都是舒适系统的用户；而 J393 是舒适系统的主控单元，所以分析 J393 的损坏概率较大。更换 J393 并匹配钥匙后车辆成功起动。

8. 无钥匙进入与无钥匙起动

该功能包括将钥匙放在衣服口袋内或随车的包内，即可通过触摸外拉手上的电容传感器开起和关闭车门以及只要钥匙在车内，无须将钥匙插入点火开关 E415 就可以通过起＼停按键 E408 起动或熄灭发动机。

无钥匙进入原理框图如图 4-25 所示。

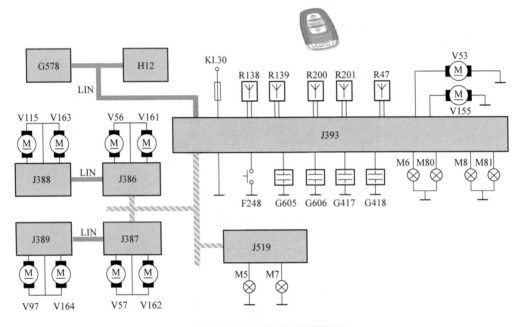

图 4-25　无钥匙进入原理框图

（1）无钥匙进入控制策略（以奥迪 C7 为例）

1）驾驶人将手放入门把手的凹坑内，车门外把手接触传感器 G605 就会将"手指已放入把手凹坑"这个信息发送给舒适系统控制单元 J393。

2）J393 通过所有高级钥匙天线激活车钥匙。

3）位于车辆内或车辆附近区域的与该车辆配对的钥匙接收到这 4 根天线的消息，并测量各自的接收强度。

4）钥匙发出一个消息，包括四个接收强度、钥匙标识信号和钥匙的防盗锁密码信息。

5）J393 通过 R47 读取钥匙防盗信息，如验证通过则向舒适总线发送解锁信息，并接通转向灯；各车门控制单元根据 J393 信息控制门锁电动机打开车门。

(2) 无钥匙起动控制策略

1) 驾驶人按下起动/停止按钮 E408。

2) 通过读取三个微动开关信息，舒适系统控制单元 J393 理解为按下按钮。

3) 舒适系统控制单元在时间上交错地触发两根车内天线 R137 和 R138。

4) 位于车内的钥匙接收到两根天线的消息并测量其接收强度。

5) 钥匙发出一个消息，包括两个接收强度、钥匙标识信号和钥匙的防盗锁密码信息。

6) 舒适系统控制单元通过中央门锁的天线 R47 接收钥匙消息。

7) 舒适系统控制单元检查钥匙消息，确认发送消息的车钥匙是否具有正确的防盗锁密码。

8) 根据所测得的接收强度，舒适系统控制单元检查发送信息的车钥匙是否位于车内（包括行李箱）。

9) 如果满足接线端 15 的起动条件，则将触发接线端 15 继电器。

10) 发动机控制单元通过 CAN 总线和一根线路获得接线端 50 要求。

11) 如果满足发动机起动的各项条件，则发动机控制单元将触发两个接线端 50 继电器。

12) 起动机将被通电、啮合，并使汽车发动机转动。

13) 一旦发动机转速超过最低值，则开始喷油，发动机控制单元接管发动机管理并停止触发两个接线端 50 继电器，发动机开始运转。

(3) 通过应急感应线圈起动车辆

当出现"车钥匙中的电池用完、两根车内天线中的一根不可用、中央门锁的天线 R47 失灵、受到当地 HF 无线电信号干扰（例如存在具有相同频率的干扰源）"，需要使用防盗锁止系统的读取线圈 D2 来起动车辆。

1) 驾驶人按下起动/停止按钮 E408。

2) 通过读取三个微动开关的信息，舒适系统控制单元 J393 理解为按下按钮。

3) 舒适系统控制单元在时间上交错地触发两根车内天线 R137 和 R138。

4) 当舒适系统控制单元在预设的时间窗口期内没有得到车钥匙的响应时，将执行以下步骤。组合仪表出现操作提示（图 4-26），同时通过 LIN 总线触发防盗锁止系统读取线圈 D2。

图 4-26 应急起动仪表提示

5）此时如果将车钥匙放置在应急感应线圈的标记上，则它将传输其防盗锁密码。必须将车钥匙放置在图4-27所示的标记位置上。位置偏离则可能导致钥匙信息无法读取。

6）防盗锁密码将通过LIN总线传输给舒适系统控制单元并由其进行评估。

7）如果满足接线端15的打开条件，则将触发接线端15继电器并打开点火开关。

8）发动机控制单元通过CAN总线和一根线路取得接线端50要求。

9）如果满足发动机起动的各项条件，则发动机控制单元将触发两个接线端50继电器。

10）起动机将被通电、啮合，并使汽车发动机转动。

11）一旦发动机转速超过最低值，则开始喷油，发动机控制单元接管发动机管理并停止触发两个接线端50继电器，发动机开始运转。

a）读取线圈位置

b）钥匙放置位置

图4-27 应急起动

9. 典型案例

车型配置：奥迪A4L，装配2.0T发动机。

故障现象：车辆在正常行驶过程中仪表显示屏提示无法找到钥匙或有时无法用无钥匙起动发动机。

诊断排除过程：

用诊断仪检查J393内并没有相关故障记忆，由于是偶发故障，当时故障没办法重现。但客户是新购车辆，且行驶里程较少，因为此故障已多次进站报修均以故障无法重现而没有检查结果。为彻底解决客户抱怨，再次与客户进行了沟通，得到几个有效信息：①客户反映两把钥匙均出现过无法起动现象；②故障随意性很大，不分冷车或热车及特定区域；③有时还会出现遥控距离很短的故障，只有2~3m。该车高级钥匙系统组成见图4-28。

该车高级钥匙起动控制策略如下：驾驶人按下E408→J393识别到进入及起动许可按键的请求信号→J393激活车内天线R138进入及起动许可车内空间天线1和R137行李箱内的进入及起动许可天线寻找钥匙→钥匙收到激活天线信息后将验证防盗信息发出→R47中央门锁天线接收钥匙防盗信息→防盗信息通过R47传递给J393→J393将防盗验证信息与本身的防盗信息比对，如防盗信息正确→接通15号继电器（如此时变速杆处于P位且制动踏板踩下，则发动机起动）。

从上述控制策略可以看出，无论是高级钥匙起动还是遥控器开锁都必须经过R47才能将相关信息最终传递给J393，而此车客户反映遥控器有时遥控距离很短。综上分析认为是R47天线存在虚接或是信号接收不良现象。

排除过程：

首先查阅R47的相关电路，见图4-29。

图 4-28 高级钥匙系统组成

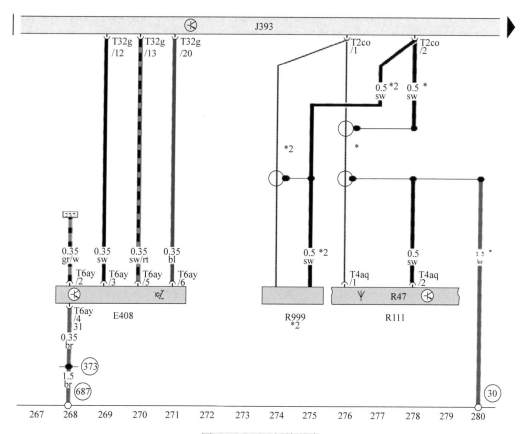

图 4-29 R47 相关电路

从电路图得知 R47 装在后风窗玻璃上，经过左后 D 柱的 R111 天线放大器直接到达 J393。检查 J393 处天线插接器未发现有明显故障，拆下左后 D 柱饰板找到 R111 天线放大器（图 4-30）。

图 4-30 R47 插接器所在位置

尝试断开 R111 到 R47 的插接器，此时发现遥控器遥控距离只有 2m 左右。与客户描述有时遥控距离短非常吻合，分析遥控器的发射频率，为 315Hz 左右，而在高级钥匙激活钥匙的情况下发射频率远远低于遥控器发射频率（图 4-31）。

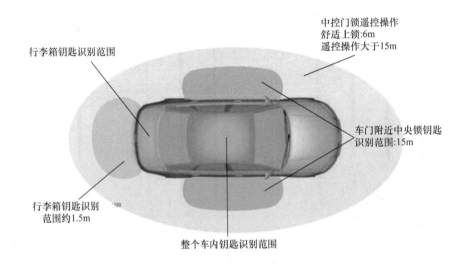

图 4-31 高级钥匙天线作用范围

所以当 R47 出现虚接或工作不良时，J393 无法收到有效的钥匙反馈信号，也就不能正常起动。为一次解决客户问题，首先将 R47 和 R111 的插接器重新处理，其次还在 R47 后风窗天线处并联一根 30cm 长的 2mm 铜线用于加强 R47 的天线接收强度。

二、车内监控

系统识别到有非法进入,就会激活防盗报警喇叭和危险警告灯。此时可用无线遥控器打开汽车或通过机械方式打开驾驶人侧车门锁并在 15s 内接通点火开关。如果在这段时间内没有接通点火开关,或者所用钥匙不是防盗锁止系统中存储的钥匙,则触发报警(图 4-32)。

图 4-32 车内监控系统的作用

1. 车内监控系统结构组成

车内监控系统结构组成如图 4-33 所示。

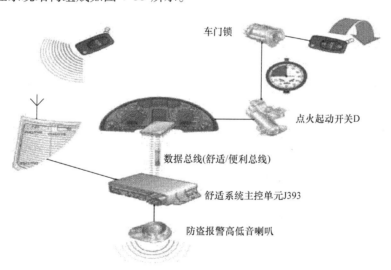

图 4-33 车内监控系统结构组成

1)防盗报警喇叭是一个带电池的发声器,断电仍可以发出警报声(图 4-34)。

2)超声波车内监控装置和防拖车装置可以使用车内的监控开关关闭(图 4-35)。

3)倾斜传感器(防拖车传感器)可在导电流体的容积发生改变时测量其电阻变化(电导测定法)。传感器电极分布在各隔断中,每个电极上都附有一个交变电磁场。当位置发生改变时,液体在隔断中的分布也会相应改变。随着隔断中液位的变化,由该电极测得的电阻同时发生改变(图 4-36)。

图 4-34　防盗喇叭

图 4-35　车内监控开关

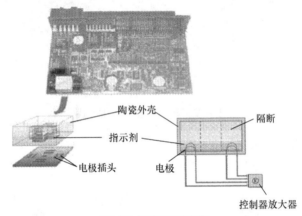

图 4-36　倾斜传感器

当电容式倾斜传感器水平位置发生变化时,搭铁元件就会在两个电容件之间移动,两个电容片之间加有电压,搭铁元件的移动会使两片之间的电容发生变化,这个电压信号被控制单元识别并转换为水平信号。

4) 超声波传感器发送出的是频率为 40kHz 的声波(人耳是听不到的),短时后会收到反射波。超声波传感器控制单元会对反射波做出分析,必要的话就会触发警报,如图 4-37 所示。每个传感器单元由两个超声波传感器和一个放大电子装置构成。传感器安装在左、右 B 柱装饰板内。每个超声波传感器监控一块侧面玻璃。

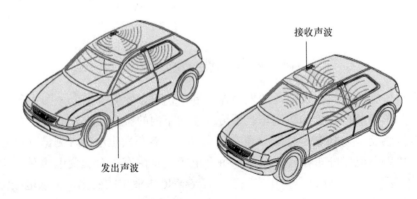

图 4-37　超声波传感器工作原理

5）玻璃破碎传感器安装在溜背车上，行李箱的玻璃上还多加了一个导电环路监控。如果导电环路中断，那么超声波传感器控制单元会识别出这种情况（图4-38）。

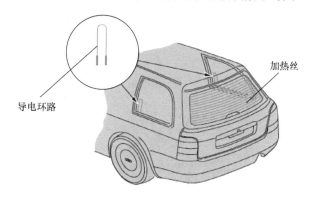

图4-38 玻璃破碎传感器

2. 车内监控系统工作原理与常见故障分析

当按下车内监控激活开关后，每次用遥控器上锁后就会自动激活车内监控。此时如系统发现玻璃破碎、车门用非遥控器打开，以及车辆发生倾斜和车内超声波监控到有活动物体就会激活防盗喇叭和危险警告灯。车内监控从本质上来讲是一种阻吓功能，它不能阻止发动机起动和车辆行驶。

车内监控系统故障率相对较低，当出现故障时系统会存储相关故障码；维修时按故障码提示进行检查就可以顺利排除故障。需要注意的是，重新拆装倾斜传感器需要对其水平位置进行重新匹配，否则会因倾斜传感器初始位置错误而产生误报警的故障现象。

第四节 被动安全系统

被动安全主要是指在发生危险的情况下，汽车保护驾驶人或者乘员的生命财产安全的能力或者性能，如汽车的碰撞安全性。随着技术的发展，被动安全技术也得到了长足的发展。目前前驱车的被动安全装置主要有多安全气囊、安全带、3H车身结构、前部逐渐吸能设计、边框型底架、预紧和载荷限制式安全带、主动式头枕、可溃式制动踏板及可溃性转向柱等，后驱车的被动安全装置有大型车架、加长车身吸能缓冲区、可溃式转向柱、预紧和载荷限制式安全带、多气囊、侧围全钢防撞杆等（图4-39）。

1. 安全气囊的组成结构

安全气囊主要由传感器、微处理器、气体发生器和气囊等部件组成。传感器和微处理器用以判断撞车程度，传递及发送信号（图4-40）。

（1）碰撞传感器

碰撞传感器用于接收前部或侧面碰撞加速度，控制单元通过它们传输的信号来计算碰撞时车辆变形的速度，以此来较早识别事故的严重性：是轻微碰撞，无须引爆气囊；严重碰撞，需起动乘客安全保护系统（图4-41）。

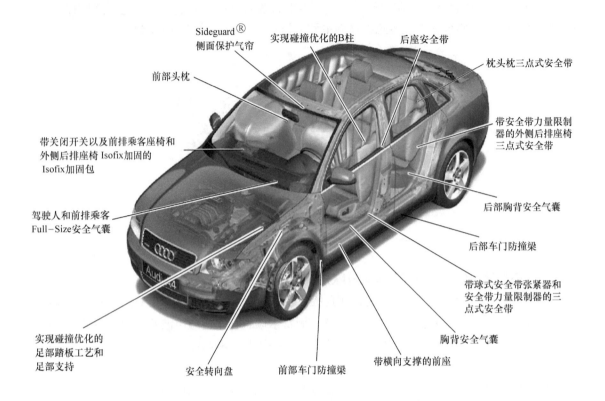

图 4-39 被动安全系统

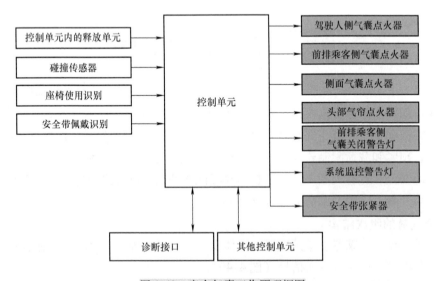

图 4-40 安全气囊工作原理框图

车门安全气囊传感器用于分析车门内的气压值和加速度值,并将相关信号传给安全气囊控制单元(图 4-42)。

图 4-41 碰撞传感器

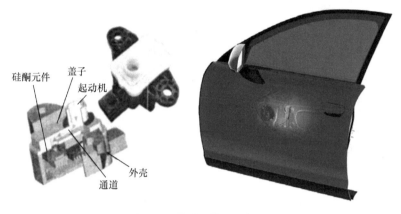

图 4-42 车门安全传感器

（2）气囊控制单元

控制单元的任务是掌握和分析车辆的减速情况，以便减小受伤的危险度和激活安全气囊、安全带张紧器单元，以及在碰撞开始时确定引爆时间并记录相关数据，存储相关故障记录和数据流并通过驱动总线和其他控制单元进行信息交流（图 4-43）。

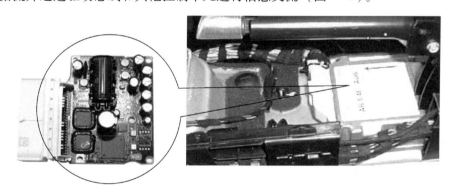

图 4-43 气囊控制单元

（3）气囊

按控制单元的指令通过引爆气体发生器打开气囊给乘员提供最大限度的保护（图 4-44）。

控制单元将用一个 1.75A，时长超过 2ms 的电流点燃电子点火器 2（引爆电阻丝）。点火器中的电阻丝加热点火器中的推进剂，进而又点燃混合扩爆剂（硼和硝酸钾）3。混合扩

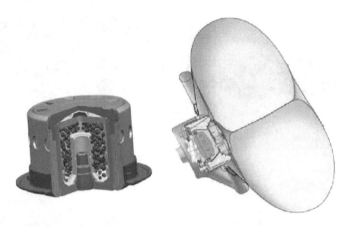

图 4-44 安全气囊

爆剂 3 点燃推进剂 7，推进剂的特点是可在短时间内产生大量烟雾。产生的气体通过内部滤清器 5 或外部滤清器 8 从燃烧舱 4 进入气囊。滤清器的作用是冷却气体，并尽可能滤除一部分气体。出于环境保护的考虑，推进剂存放在铜制焊接储存罐 6 内（图 4-45）。图中 1 为盖，9 为滤清器外壳。

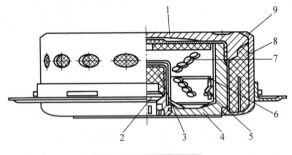

图 4-45 气体发生器

（4）螺旋电缆

安全气囊控制单元和转向盘模块之间的电子连接称为螺旋电缆（图 4-46）。

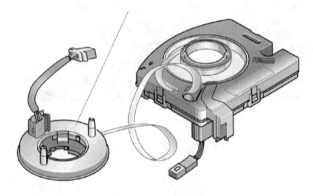

图 4-46 螺旋电缆

2. 安全气囊的工作原理

安全气囊（SRS）系统由碰撞传感器、控制单元、气囊、爆燃式安全带张紧器、螺旋电缆单元等组成。传感器和微处理器用以判断撞车程度，传递及发送信号；气体发生器根据信号指示产生点火动作，点燃固态燃料并产生气体向气囊充气，使气囊迅速膨胀。其中控制单元为控制中枢，包括电子加速度传感器，中央处理器、诊断数据存储器、蓄能器和碰撞数据记录器，具有自检、监控、故障存储、引爆指令及撞车记录等功能。安全气囊是座椅安全带的辅助装置，只有在正确使用安全带的基础上，该系统才能充分发挥保护驾驶人和乘员的作用。目前常见的安全气囊有：正面头部气囊，重点保护驾驶人和乘客的胸部和面部；侧气囊和侧安全气帘（左右各一个），安装在车辆侧面A柱与C柱之间，用于保护乘客头部和腰部的安全，减轻侧面撞击对头部的伤害；膝部气囊，重点保护驾驶人和乘客的膝盖。驾驶人侧安全气囊容积为45L，反应时间小于6ms；前排乘客安全气囊容积为110L，反应时间小于8ms；座椅侧气囊、座椅气囊容积为7L，反应时间小于3.3ms。正面防护安全气囊主要保护人员的面部与胸部。

当汽车遭受前方一定角度碰撞时，安装在汽车前部角上的碰撞传感器根据撞车性质和强度，将检测到的汽车突然减速的情况变成电压信号，输送给SRS控制单元，以便判断是否发生碰撞。气囊为终端引爆元件。控制单元接通气囊组件中的点火器（电雷管）电路，电雷管引爆使点火剂（炸药）受热爆炸（电热丝通电发热引爆炸药）。点火剂引爆时，迅速产生大量的热量，使充气剂（叠氮化纳固体药片）受热分解，释放出大量的氮气，使气囊完全打开，将人体和前方车内部件之间的硬性碰撞变成弹性碰撞，通过气囊的变形和排气节流来吸收人体碰撞产生的能量，从而达到保护人体的作用。

安全气囊控制单元通过两路独立的通道将碰撞信号输出，并激活如下功能：

1）通过电话/远程呼叫和紧急救援控制单元进行紧急呼叫。
2）车辆中控锁解锁。
3）车内照明开启。
4）危险警告灯开启。
5）关闭发动机的燃油供给。

3. 烟火式安全带

该系统在发生碰撞后安全气囊打开之前先引爆烟火式安全带张紧器，将乘客绑在座椅上，为碰撞做好准备（图4-47）。

小球通过烟火制造技术的推进剂引爆来驱动，进而将动能通过齿轮传递给绞盘收紧安全带（图4-48）。

部分车型除烟火式安全带张紧器外，还配有带电动机的可逆安全带张紧器。当车速超过30km/h并且装配有事故预防系统的车型在识别到车辆有碰撞危险时即通过电动机收紧安全带，电动机的可逆收紧次数在2000次左右（图4-49）。

4. 安全气囊系统的常见故障与诊断分析

安全气囊常见故障有气囊电阻过高或气囊电阻过低。该系统自诊断能力很强，一旦系统识别到故障就会点亮气囊警告灯，在这种情况下安全气囊退出正常工作（也就是说气囊不会引爆）。此时必须通过诊断仪来查询相关故障码，并严格根据诊断仪提示检查相关系统。对于气囊电阻过高故障一般是相关气囊插接器存在虚接，由于接触电阻的产生导致气囊整体

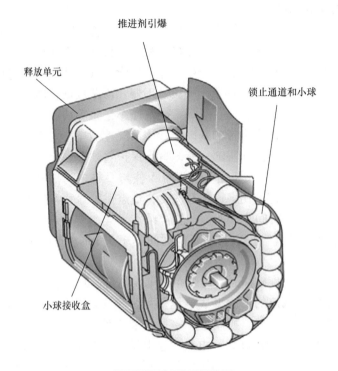

图 4-47 烟火式安全带

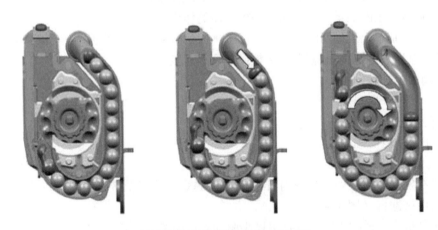

图 4-48 烟火式安全带工作原理

电阻值上升;而气囊电阻过低故障一般是存在线路短路或是插接器短接片短路所到。

5. 气囊检修注意事项

1)在断开或安装安全气囊时一定要先断开蓄电池 3min 后再拆装。切忌带电作业或是刚一断电就开始作业,要让气囊控制单元内的备用电容充分放电。

2)在检修作业过程中切忌用万用表直接测量气囊电阻,这种情况有引爆气囊的危险;正确作法是通过诊断仪相关诊断程序进行测量,或是通过替用电阻来间接判断气囊是否失效。

3)在气囊控制单元附近切忌使用锤子或是其他容易引起较大振动的操作,否则气囊有

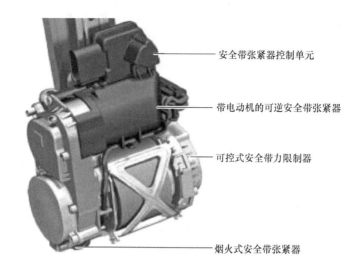

图4-49 可逆安全带张紧器

- 安全带张紧器控制单元
- 带电动机的可逆安全带张紧器
- 可控式安全带力限制器
- 烟火式安全带张紧器

引爆的可能；如拆装或钣金确需相关操作需断电后作业。

4）在安装气囊控制单元时应注意其安装方向和安装平面的可靠性。

5）在断开转向管柱或是拆下螺旋电缆时，一定要保证螺旋电缆的位置保持在锁定位置，否则会因转动角度过大而损坏螺旋电缆（螺旋电缆最大可转动5圈，实际车辆最大转角为3圈）。

6. 典型案例

车型配置：奥迪A4L，装配2.0T发动机。

故障现象：行驶过程中气囊灯偶发点亮。

诊断排除过程：用诊断仪检查气囊控制单元内有故障码"侧面气囊碰撞传感器驾驶员侧不可信信号"，初步分析可能是驾驶人侧碰撞传感器到气囊控制单元之间存在线路虚接或是传感器本身故障（图4-50）。

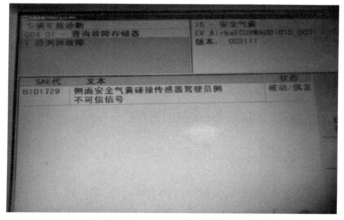

图4-50 控制单元内的故障码

解决措施：

拆掉驾驶人侧门饰板，检查传感器的插头，没有松动、弯曲等现象。通过ELSA打开电路图，发现该传感器的线路通过门边的转换插头 T27a 与气囊控制单元相连。拔下门边的转换插头，分别测量传感器与转换插头 T27a/5 和 T27a/15 之间电路的电阻，均未发现异常。接上转换插头再次进行传感器与控制单元之间的线束测量，无异常。怀疑是传感器自身的问题，更换一个新的，让客户继续跑一段时间看故障是否会再现。

客户使用两天后再次出现报警，故障码与上次相同。再次进行检查，还是一切都正常，怀疑是否是由于传感器的连接导线有破损现象导致上述问题出现，为此将门饰板内的导线破开检查，也未发现问题。

会不会是气囊的控制单元有问题，带着这个疑问正准备去找一块控制单元来换，无意中关门的时候，发现故障灯亮起。反复进行关门实验，终于发现故障出现在转换插头处，随着开关门电线会扯动插头再现故障。判断插头内有虚接现象。为此找到传感器连到里面的两个插针，找到与插针对应的插脚，用专用探针检查果然存在松旷现象。修复故障端子，长时间试车确认故障排除。传感器相关电路如图 4-51 所示。

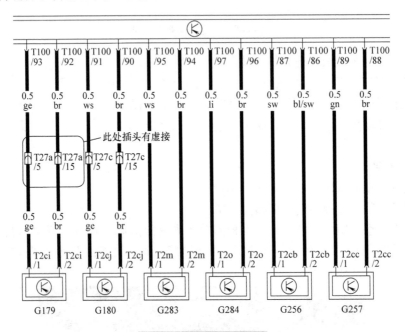

图 4-51　传感器相关电路

第五节　灯光照明系统新技术

一、自适应前照灯

在配置自适应照明功能的汽车上，前照灯内有一个滚筒，筒身上凸起不同的轮廓，当滚筒滚动时，就能实现不同的照明功能。此外，整块透镜也可以转到侧面，完成动态随动转向功能。

1. 结构组成

自适应前照灯结构组成如图 4-52 所示。

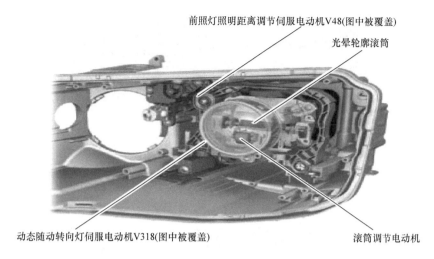

a) 内部结构

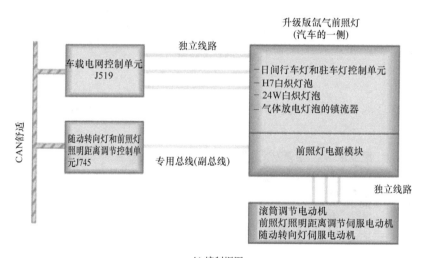

b) 控制框图

图 4-52 自适应前照灯结构组成

2. 控制策略

（1）乡村道路照明灯

由气体放电灯泡、滚筒和透镜产生不对称的近光照明。车速达到 50km/h 起，乡村道路照明灯就亮起；当车速较长时间超过 110km/h 时，切换成高速公路照明灯；当车速超过 130km/h 时，高速公路照明灯立即亮起。对于配备导航仪的汽车，只要未识别到城市道路或高速公路，则乡村道路照明灯就会持续亮着。在使用乡村道路照明灯时，透镜可以动态随动转向（图 4-53）。

（2）高速公路照明灯

由气体放电灯泡、滚筒、透镜和左侧沿产生不对称的近光照明。当车速在长时间内超过 110km/h 时，高速公路照明灯就亮起；当车速超过 130km/h 时，高速公路照明灯立

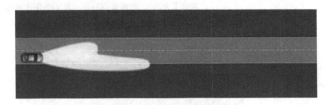

图 4-53 乡村道路照明灯

即亮起。而配备导航仪的汽车,只要车速超过 80km/h,而且导航仪扫描到是在高速公路上行驶时,高速公路照明灯立即亮起。在使用高速公路照明灯时,透镜可以动态随动转向(图 4-54)。

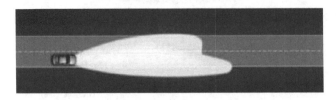

图 4-54 高速公路照明灯

(3)远光灯

由气体放电灯泡、滚筒和透镜产生对称的远光照明。通过操作远光灯拨杆激活(图 4-55)。

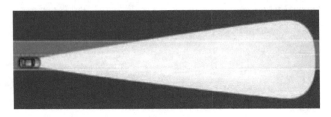

图 4-55 远光灯

(4)城市照明灯

由气体放电灯泡、滚筒和透镜,再加上透镜略微向外转动产生对称的近距离照明。当车速在 5~50km/h 时,城市照明灯就会亮起;对于配备导航仪的汽车,当车速在 5~60km/h,而且导航系统扫描到汽车在城市里行驶时,城市照明灯就亮起。在使用城市照明灯时,透镜不可以动态随动转向(图 4-56)。

图 4-56 城市照明灯

(5) 全天候照明灯

由气体放电灯泡和透镜，产生不对称的近距离全天候照明，其漫射范围小。左侧透镜能够稍微向外侧旋转，通过降低照明水平高度缩小照明距离（图4-57）。

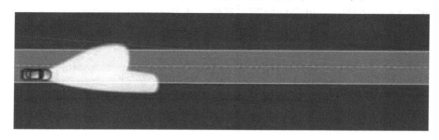

图4-57　全天候照明灯

(6) 随动转向灯

当车速在70km/h以下，驾驶人大幅度打转向盘时，或者已打开转向信号灯，且车速在40km/h以下时，一侧的H7白炽灯泡亮起，产生随动转向照明（图4-58）。同时，乡村道路照明灯或者城市照明灯也会打开。

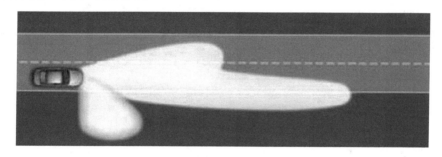

图4-58　随动转向灯

(7) 十字路口照明灯

在配置导航系统的汽车上，还有十字路口照明这个功能。十字路口照明灯是通过同时打开两侧的静态随动转向灯实现的，它有助于驾驶人发现十字路口的危险（图4-59）。照明灯会及时在到达十字路口前打开。十字路口照明灯总是与其他照明灯共同作用。在城市内行驶时，与城市照明灯一起作用；在乡村行驶时，与乡村道路照明灯共同作用。

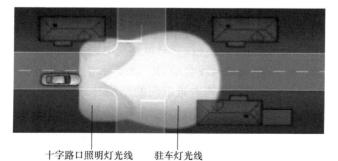

图4-59　十字路口照明灯

二、可变照明距离前照灯

可变照明距离的主要功能是在夜间行车时，保证本车道能获得足够的照明，同时又不会对其他车辆驾驶人造成眩目。可变照明距离系统可根据当时的交通情况，对前照灯照程进行无级调节，使照程在近光灯和远光灯之间变化。

1. 结构组成

相比自适应前照灯，该系统主要增加了摄像头控制单元 J852 以汇集最新路况信息，用于监视后方靠近车辆和前方行驶车辆以及地点。这样就能通过连续调节滚筒，平滑地在近光灯和远光灯之间调节照明距离，以取代纯粹根据速度调节的方式（图 4-60）。

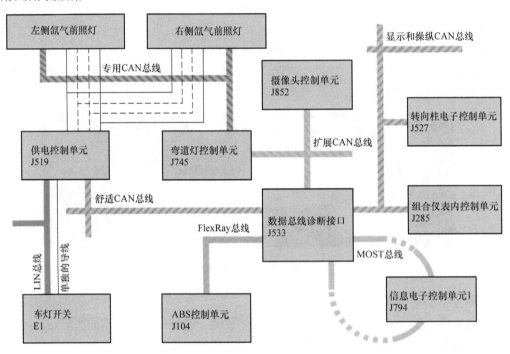

图 4-60 可变照明距离控制框图

2. 控制策略

1）对面来车控制策略。如果识别出对面来车了，那么可变照明距离这个功能就会减小前照灯照程，最多可降至近光灯的照程。这样就可避免对面的驾驶人产生眩目。对面的车辆驶过后，只要交通状况允许，前照灯照程会增大，最多可增至远光灯的照程（图 4-61）。

2）前面有车的控制策略。如果本车驶近前面的车辆时，系统的工作状态与对面来车时大致相似。在这种情况下，可变照明距离功能也会连续降低前照灯照程，以防止对前车驾驶人产生眩目（图 4-62）。如果本车超过了前车，那么前照灯照程随后会增大，最多可增至远光灯的照程。当然了，前提是交通状况允许的话。

3）要想实现让激活状态的可变照明距离功能工作，还必须满足"控制单元 J852 内的摄像头必须识别出环境已足够暗了；必须已超过了规定的车速极限值"。激活和关闭可变照明

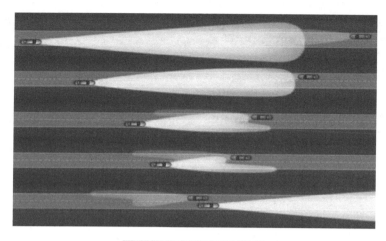

图 4-61 对面来车控制策略

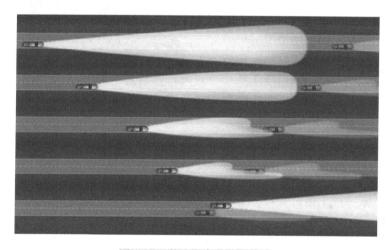

图 4-62 前面有车的控制策略

距离功能的车速极限值,取决于系统是否识别出居民点。如果摄像头识别出了至少两个不同路灯,那么就认为这是个居民点,于是系统就可以将路灯与别的光源准确区分开。

两个前照灯内都安装有可转动的辊轮,伺服电动机根据交通状况会将辊轮转到相应的位置。这两个辊轮的位置就决定了车道照明的实际状态。可变照明距离这个功能可根据当时的交通情况,对前照灯照程进行无级调节,使照程在近光灯和远光灯之间变化。

前照灯处于近光灯工作状态时,如果车辆在居民点内的路上行驶或者车速较低时,近光灯发出的是城市灯光;在普通公路行驶时近光灯发出的是普通公路灯光;在高速公路行驶时发出的是高速公路灯光(图 4-63)。

近光灯到底采用这三种灯光形式中的哪一种,取决于当时的车速。另外系统是否识别出居民点也会产生影响。当然可变照明距离调节也可以实现自适应前照灯的其他功能。

3. 接通和关闭可变照明距离功能的前提条件

1) 车灯开关必须在 AUTO 位置。
2) MMI 中的自动远光灯必须激活。

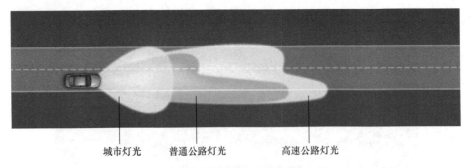

图 4-63　近光状态的三种模式

城市灯光　普通公路灯光　高速公路灯光

满足了上述两个前提条件，那么向前轻推转向灯拨杆即可接通可变照明距离功能，向后拉转向灯拨杆就可关闭可变照明距离功能（图 4-64）。

在可变照明距离功能已经接通的情况下，驾驶人也可手动接通远光灯。方法是：再次向前轻推转向灯拨杆。这个操作就接通了远光灯（与远光灯辅助系统的操作逻辑相似），同时关闭了可变照明距离功能。

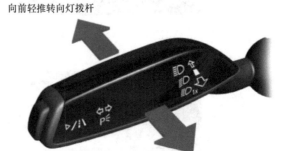

向前轻推转向灯拨杆

向后拉转向灯拨杆

图 4-64　自动前照灯开关

三、矩阵 LED 前照灯

矩阵光束技术可以单独打开和关闭单个分光束，同时可实现动态转向灯，也可以将灯光变暗（图 4-65）。如果识别出道路上有别的车辆，那么可以只把此时导致别人眩目的那部分远光灯光段关闭。无论是针对前行车辆还是对向来车均可执行这种操作。这种技术的一个突出优点是：其余那部分远光灯光段（就是此时并未引起别人眩目的那部分）仍然以远光灯状态照亮着道路。因此就始终能为驾驶人提供尽可能好的道路照明，且最大限度利用远光灯。

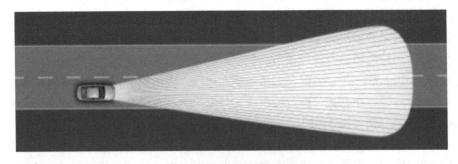

图 4-65　矩阵前照灯光束

1. 结构组成

每个奥迪矩阵 LED 前照灯的远光灯都由五个单独的印制电路板构成，其上各有五个串联的 LED。因此，每个前照灯上共计有 25 个远光灯 LED 可以单独操控，它们与另一个前照灯的远光灯模块一起形成远光灯光束。每个 LED 负责照亮远光灯的一个区段，每个单独的区段是有重叠的。矩阵 LED 前照灯控制框图和结构如图 4-66 所示。

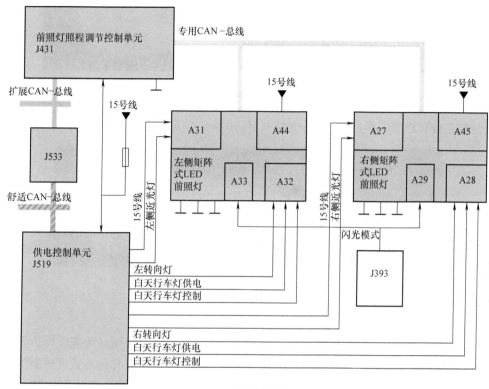

a) 控制框图

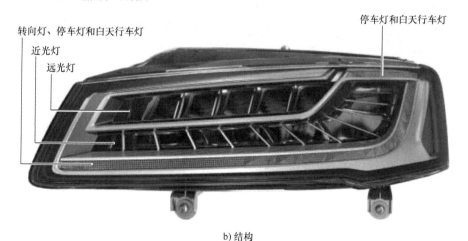

b) 结构

图 4-66 矩阵 LED 前照灯

2. 控制策略

（1）在识别出有其他车辆时的矩阵光柱（MatrixBean）远光灯

1）有对向来车时的奥迪 A8 矩阵光柱（MatrixBean）远光灯（图 4-67）。

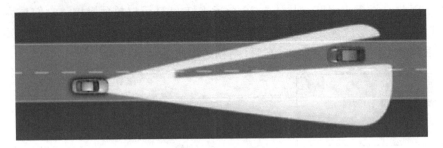

图 4-67　对向来车矩阵光柱

2）有前行车辆时的奥迪 A8 矩阵光柱（MatrixBean）远光灯（图 4-68）。

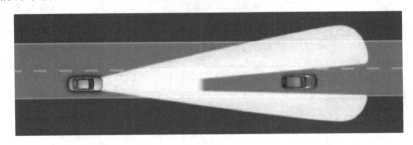

图 4-68　前行车辆时矩阵光柱

(2) 远光灯的高速公路模式

高速公路模式是远光灯的专用模式，只在有预测的道路数据可用时才能实现该模式。如果预测的道路数据表示出车辆现在正在高速公路上行驶，那么高速公路模式就被激活。在高速公路模式工作时，远光灯的光束（光锥）要窄一些，以便与高速公路的结构特点更匹配（图 4-69）。

图 4-69　高速公路灯光

(3) 近光灯

近光灯采用了大家熟知的非对称型光束（光锥）。道路边缘被照亮得更宽了，因此就能更快地识别出潜在的危险。与此相对的是，道路中间被照亮的距离比较短，因为这时最重要的是要避免给对向来的车辆造成眩目。在每个奥迪矩阵式 LED 前照灯上，近光灯采用了 15 个 LED。近光灯光束（光锥）可以照到紧靠车辆的前部区域和再往前的区域，后者中的光束也含有不对称的成分。照到紧靠车辆的前部区域的光束由 9 个 LED 负责，照到再往前的区域的光束由 6 个 LED 负责（图 4-70）。

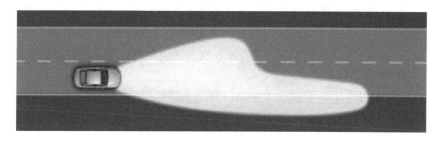

图 4-70　近光灯光束

(4) 旅行灯

车辆要是从靠右侧行驶的国家进入到靠左侧行驶的国家，就必须激活旅行灯。否则，不对称的近光灯光束（光锥）在靠左侧行驶的国家行驶时会使得对向来车的驾驶人有眩目感，这是法律所不允许的。在奥迪矩阵 LED 前照灯上，就可以通过激活旅行灯来关闭远光灯中产生非对称光成分的 LED。如果车上有预测的道路数据可供使用，那么旅行灯会自动激活。矩阵光柱（MatrixBean）控制单元根据这些预测的道路数据，就可判断出车辆当前是在靠右侧行驶的国家行驶还是在靠左侧行驶的国家行驶。如果车上没有预测的道路数据可供使用，那么在国境线时必须在 MMI 上手动激活旅行灯（图 4-71）。

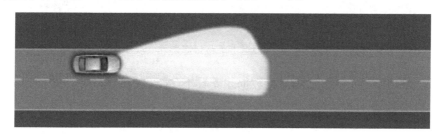

图 4-71　旅行灯光束

(5) 转弯灯

转弯灯的作用是使得转弯过程更安全。这是通过让车辆前部周围区域在转弯时得到更好的照明来实现的。最重要的是让驾驶人能更好地看清车辆前部的侧面情况并快速识别出危险源。要激活哪侧的转弯灯，就由相应的转向灯或者是朝哪个方向转动转向盘来决定（图 4-72）。

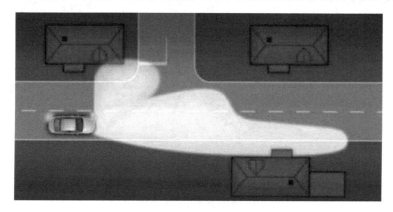

图 4-72　转弯灯光束

转弯灯可以通过转向开关接通或是当车速低于 60km/h 时,如果转向盘转角超过约 50°,那么相应的转弯灯就被接通。通过转向开关接通的转弯灯在车速超过 40km/h 就关闭了;通过转向盘转角接通的转弯灯在车速超过 70km/h 或是转向角度小于 15°时就会自动关闭。

(6) 十字路口灯

十字路口灯的作用是让车前方的十字路口获得更好的照明。为此,除了接通正常的近光灯外,还接通了两侧的转弯灯。车辆前部的侧面获得了良好的照明,从而可以更好地识别危险源(图 4-73)。

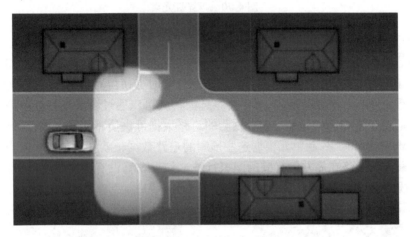

图 4-73　十字路口灯光束

只有带导航功能的车辆能预测道路数据才能有十字路口灯,当车辆以低于 40km/h 的车速行驶到距离十字路口还有 60m 的地方时,两个转弯灯(准确说就是十字路口灯)就被接通了。十字路口灯在行驶过路口 15m 后或者当车速超过 50km/h 后就关闭了。

(7) 全天候灯

全天候灯在天气恶劣时(比如有雾或者下雪)时使用。使用时,可以降低前照灯灯光反射所造成的对于本车驾驶人的眩目程度。实际是通过降低近光灯的照程来实现的。同时,还要激活两侧的转弯灯以便更好地照亮车辆前部区域(图 4-74)。

图 4-74　全天候灯光束

通过操控车灯旋钮开关模块上的相应按键来激活全天候灯(图 4-75)。只要车速不超过 110km/h,就可以激活全天候灯,按键上的功能指示 LED 会显示出是否激活。如果激活了全天候灯,矩阵光(MatrixBean)远光灯辅助系统就被关闭了。

(8) 弯道灯

奥迪矩阵 LED 前照灯远光也有弯道灯功能。弯道灯可以将远光灯最亮点从远光灯光束（光锥）的中间移至所需要的那一侧（图 4-76）。

(9) 快速移动转向灯

所谓的"快速移动式"转向闪光，是指转向灯 LED 从内向外依次接通（时间上错开），但是所有转向灯 LED 是一下子全关闭的（图 4-77）。

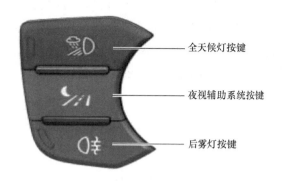

图 4-75 全天候灯开关

图 4-76 弯道灯光束

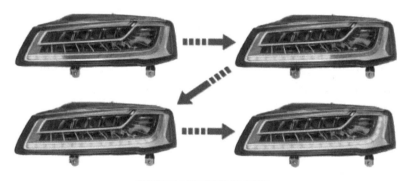

图 4-77 快速移动转向灯

在有选装装备奥迪矩阵 LED 前照灯的车上，LED 尾灯上也有"快速移动式"转向闪光这个功能。

3. 灯光系统常见故障与诊断分析

灯光系统常见故障是某个灯光不亮，此时仪表中央显示屏会提示损坏的具体哪个灯泡。引起灯光不亮的原因主要有气体放电灯泡、气体放电高压驱动器、灯光控制单元、LED 发光元件、LED 发光控制模块损坏，实际工作中多采用左右对调相关元件来确定具体损坏元件。

灯光高度不能调节，对于氙气前照灯来说高度调节电动机损坏的概率比较高；诊断仪会提示高度调节电动机故障，售后一般不提供该电动机的单独配件，需更换前照灯总成。对于 LED 矩阵前照灯，一般是控制单元软件或是硬件故障，类似故障应首先确认其编码和设置是否正确，然后再采用调换元件或总成的方式来诊断。

灯光系统误报警，灯光功能均正常但仪表提示某个灯光有故障。该故障是典型的更换的灯泡或 LED 与原车功率不一致，导致控制单元认为仍处于故障状态。对于装配有新技术的灯光系统的车辆建议始终更换原厂备件，以免人为制造故障。

复 习 题

一、填空题

1. ABS 的四个工作阶段是_____、_____、_____和_____。
2. ESP 在_____、_____和_____工况下对驾驶人提供帮助。
3. ESP _____传感器在断开蓄电池后需要重新校准。
4. 自动空调可以对车内空气的____、____、____、____和____等进行自动调节，给乘客提供一个良好的乘车环境。
5. 自动空调控制系统的传感器一般有_____传感器、_____传感器、_____温度传感器、_____传感器、_____传感器等。
6. 防盗止动系统的目的是_____将车辆盗走。
7. 防盗止动系统主要组成元件有_____、_____、_____、_____及其他辅助元件。
8. 车内监控系统发现_____、车门_____，以及_____和_____监控到有活动物体就会激活防盗喇叭和危险警告灯。
9. 安全气囊主要由_____、_____、_____和_____等部件组成。
10. 常见被动安全系统有_____、_____、_____、_____、_____、_____等。
11. 带有自适应照明功能的汽车上，前照灯内有_____来实现不同的灯光模式。
12. 相比自适应前照灯，可变照明系统主要增加了_____汇集最新路况信息。
13. 矩阵光束技术可以_____和关闭_____，同时可实现_____。
14. 自适应前照灯可以实现_____、_____、_____、_____、_____和_____灯光模式。
15. 现代防盗系统已演变为钥匙、防盗主控单元、电子转向柱锁、发动机控制单元和变速器控制单元之间的_____和_____的验证。
16. 阳光传感器还根据阳光照射的____，自动把被照射一侧区域的空调_____调低一点，____调大一点。

二、简述题

1. ABS 的工作原理是什么？
2. 自动空调可以实现哪些功能？

3. 自动空调制冷效果评价的前提条件是什么？
4. 无钥匙进入的控制策略是什么？
5. 车内监控如何触发警报？
6. 安全气囊碰撞后激活哪些功能？
7. 接通和关闭可变照明距离功能的前提条件是什么？
8. 安全气囊检修注意事项有哪些？

第五章 信息娱乐系统与车载网络

信息娱乐系统实际上是将所有相关联的控制功能集成在一个控制单元上操作,实现操作者与车辆的实时人机对话(一定程度),以满足不同驾乘人员的个性化需求。它包括收音机、DVD换碟机、CD换碟机、导航单元、电话模块、电视接收器、读卡器、硬盘存储器、蓝牙通信模块、语音操作系统和WIAN热点等。由于信息娱乐系统传输的信息量很大,现在大部分高档轿车采用了光纤通信系统(简称MOST总线,如图5-1所示)。

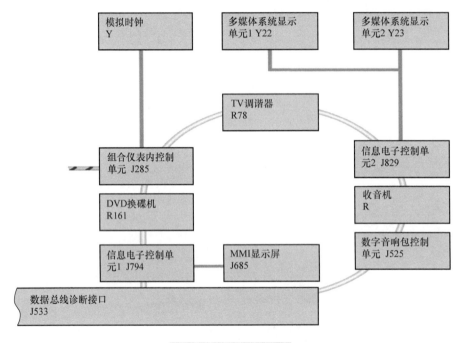

图 5-1 MOST总线框图

第一节 光纤通信系统

MOST总线系统是 Media Oriented Systems Transport 的缩写,从这个名字中就可以看出它是一种用于多媒体数据传送的网络系统。开发这种总线的主要目的是因为CAN数据总线系统的传输速度不够快,因而无法满足相应的数据量的传送。早期MOST总线的传输速率可达21.2Mbit/s,而CAN总线系统的最大传输速率为1Mbit/s,比较适合传输控制信号。

1. MOST总线的优点

1)在MOST总线中,相关部件之间的数据交换是以数字方式进行的。
2)通过光波进行数据传递有导线少且重量轻的优点,另外传输速度也快得多。

3）与无线电波相比，光波的波长更短，因此它不会产生电磁干扰，同时对电磁干扰也不敏感。

4）上述特点就决定了其传输速率很高且抗干扰性也很强。

2. MOST 总线控制单元及光纤结构（图 5-2）

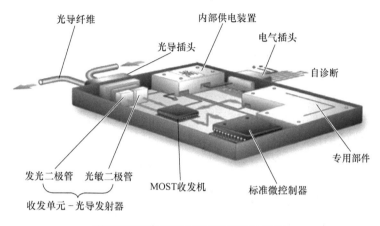

图 5-2　MOST 总线控制单元内部结构

（1）光导插头

光信号通过该开关进入控制单元，或产生的光信号通过该开关传往下一个总线用户。

（2）电气插头

该插头用于供电、环断裂自诊断以及输入/输出信号。

（3）内部供电装置

由电气插头送入的电流由内部供电装置分送到各个部件。这样就可单独关闭控制单元内某一部件，从而降低了静态电流。

（4）光导发射器（FOT）

该装置由一个光敏二极管和一个发光二极管构成。到达的光信号由光敏二极管转换成电压信号后传至 MOST 收发机。发光二极管的作用是把 MOST 收发机的电压信号再转换成光信号。产生的光波波长为 650nm，是可见红光。数据经光波调制后传送。调制后的光经由光导纤维传到下一个控制单元。

（5）MOST 收发机

MOST 收发机由发射机和接收机两个部件组成。发射机将要发送的信息作为电压信号传至光导发射器。接收机接收来自光导发射器的电压信号并将所需的数据传至控制单元内的标准微控制器（CPU）。其他控制单元不需要的信息由收发机来传送，而不是将数据传到 CPU 上，这些信息原封不动地发至下一个控制单元。

（6）标准微控制器（CPU）

标准微控制器（CPU）是控制单元的核心元件，它的内部有一个微处理器，用于控制控制单元的所有基本功能。

（7）专用部件

这些部件用于控制某些专用功能，例如 CD 播放机和收音机调谐器。

(8) 光敏二极管

它的作用是将光波转换成电压信号。

3. 光导纤维

光导纤维的任务是将在某一控制单元发射器内产生的光波传送到另一控制单元的接收器。

为了传送光信号，光导纤维应该具有以下特点：

1）光波在光导纤维中传送时的衰减应小。
2）光波应能通过弯曲的光导纤维来传送。
3）光导纤维应是柔性的。
4）在 -40 ~ -85℃的温度范围内，光导纤维应能保证功能。

（1）光导纤维的结构（图5-3）

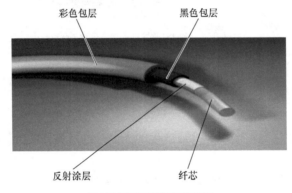

图5-3　光导纤维的结构

纤芯是光导纤维的核心部分，它是用有机玻璃制成的，是光导线。纤芯内的光根据全反射原理几乎无损失地传导。

透光的涂层是由氟聚合物制成的，它包在纤芯周围，对全反射起关键作用。黑色包层是由尼龙制成，用来防止外部光照射。彩色包层起到识别、保护及隔温作用。

（2）光波在光导纤维中的传送

1）直的光导纤维（图5-4）。光导纤维将一部分光波沿直线传送，绝大部分光波是按全反射原理在纤芯表面以之字形曲线传送的。

2）弯的光波导线（图5-5）。光波通过全反射在纤芯的涂层界面上反射，从而可以弯曲传送。

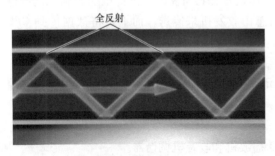

图5-4　直的光波导线

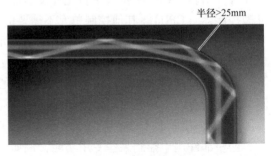

图5-5　弯的光波导线

3）全反射（图5-6）。当一束光以小角度照射到折射率高的材料与折射率低的材料之间的界面时，那么光束就会被完全反射，这就叫作全反射。光导纤维中的纤芯是折射率高的材料，涂层是折射率低的材料，所以全反射发生在纤芯的内部。这个效应取决于从内部照射到界面的光波角度，如果该角度过陡，那么光波就会离开纤芯，从而造成较大损失。当光导纤维弯曲或弯折过度时就会出现这种情况。

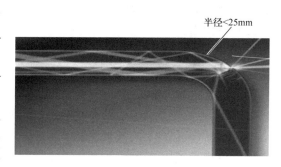

图5-6 全反射

4. 光纤总线内的信号衰减

为了能对光导纤维的状态做出评价，就需要测量信号衰减的情况。如果在传输的过程中，光波的功率减小了，这种情况就称为衰减。在进行衰减测量时，这个值是对发射功率和接收功率比值取对数后得出的。衰减常数越大，信号传送的效果就越差。

光纤数据总线信号衰减增大的原因：
1）光导纤维的曲率半径过小。
2）光导纤维的包层损坏。
3）端面刮伤。
4）端面脏污。
5）端面错位。
6）端面未对正。
7）光导纤维的端面与控制单元的接触面之间有空隙。
8）端套变形。

在实际维修工作中常用光纤环路诊断和3dB光纤环路诊断，用于检查控制单元之间的光纤信号传输是否正常和各控制单元电路是否正常。

5. MOST总线的环形结构

MOST总线系统的一个重要特征就是它的环形结构。控制单元通过光导纤维沿环形方向将数据发送到下一个控制单元。这个过程一直在持续进行，直至首先发出数据的控制单元又接收到这些数据为止。这就形成了一个封闭环。通过数据总线自诊断接口和诊断CAN来对MOST总线进行诊断。

6. MOST总线的系统状态

（1）休眠模式

此时MOST总线内没有数据交换，系统处于待命状态。只能由系统管理器发出的光启动脉冲来激活。在这种模式下静电流降到最低值。

休眠激活条件：
1）MOST总线系统上的所有控制单元都已准备好要切换到休眠状态。
2）其他总线系统没有通过网关提出任何要求。
3）自诊断未激活。

具备上述条件时MOST系统也可以在蓄电池电压低于相应切断等级时经网关激活休眠模

式或是用诊断仪激活运输模式。

（2）备用模式

此时 MOST 系统在后台工作，不对外输出声音和图像，给人的感觉好像是系统关闭了一样。这种模式在起动及系统持续运行时被激活。

备用模式的激活条件：

1）由其他数据总线通过网关激活，如驾驶人车门的开锁/开门，点火开关接通。

2）由 MOST 总线上的某个控制单元来激活，如打入的电话。

（3）通电模式

此时控制单元完全接通，MOST 总线上有数据交换，用户可使用所有功能。

通电模式激活条件：

1）MOST 总线处于备用状态。

2）如 S 触点、显示屏工作。

3）通过用户的功能选择来激活，如通过多媒体操纵单元 E380。

7. 信息帧

系统管理器以 44.1kHz 脉冲频率向环状总线上的下一个控制单元发送信息帧（Frames）。由于使用了固定的时间光栅，脉冲频率允许传递同步数据。同步数据传递这样一些信息，诸如声音和动态图像（视频），这些信息必须以相同的时间间隔来发送。44.1kHz 这个固定的脉冲频率与数字式音频装置（如 CD 机、DVD 机、DAB 收音机）的传递频率是相同的，这样就可以将这些装置连接到 MOST 总线上了。

一个信息帧的大小为 64B，可分成以下几部分（1B = 8bit），如图 5-7 所示。

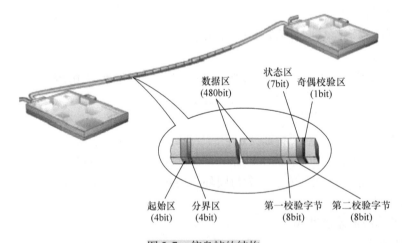

图 5-7 信息帧的结构

1）起始区表示一个信息帧的开始，每段信息帧都有自己的起始区（图 5-8）。

图 5-8 起始区

2）分界区用于区分起始区和紧跟着的数据区（图 5-9）。

3）MOST 总线在数据区最多可将 60B 的有效数据发送到控制单元。数据分为两种类型：

图 5-9 分界区

声音和视频作为同步数据,图片、用于计算的信息及文字作为异步数据。数据区的分配是可变的,数据区的同步数据在 24~60B,同步数据的传递具有优先权。异步数据根据发射器/接收器的地址(标志符)和可用异步总容量,以 4B 为一个数据包被记录并发送到接收器上(图 5-10)。

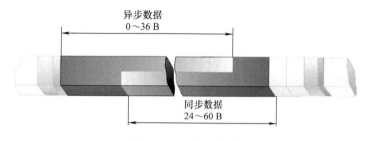

图 5-10 MOST 总线数据区

4)两个校验字节传递以下信息:发射器/接收器地址(标志符)和接收器的控制指令。一个信息组中的校验字节在控制单元内汇成一个校验信息帧。一个信息组中有 16 个信息帧。校验信息帧内包含有控制和诊断数据,这些数据由发射器传送到接收器,称之为根据地址进行的数据传递(图 5-11)。

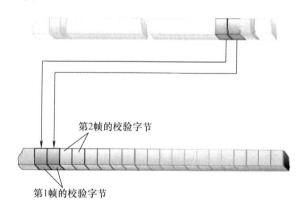

图 5-11 校验字节

5)信息帧的状态区包含用于给接收器发送信息帧的信息(图 5-12)。

图 5-12 信息帧

6)奇偶校验区用于最后检查数据的完整性,该区的内容将决定是否需要重复一次发送过程(图 5-13)。

8. 系统管理

系统管理器与诊断管理器一同负责 MOST 总线内的系统管理。在 MMI3G + 之前车型，网关 J533 起诊断管理器的作用，前

图 5-13　奇偶校验区

部信息系统控制单元 J523（J794）执行系统管理器功能。从 2013 款奥迪 A3 开始装配 MIB 的信息娱乐系统，诊断和管理的主控单元都是信息显示控制单元 J794。MIB 配备的 MOST 系统传输速率是 150Mbit/s。这是第一次在车上同时安装信息娱乐 CAN 总线和 MOST 总线。

9. MOST 系统诊断

除系统管理器外，MOST 总线还有一个诊断管理器。该管理器执行环形中断诊断，并会将 MOST 总线上的控制单元诊断数据传给诊断控制单元。MIB 以前的信息娱乐系统的诊断控制单元是网关 J533。因为 MOST 总线是环路系统，如果数据传递在 MOST 总线上的某一位置处中断则称为断环。

环路中断的影响：音频和视频播放中止、多媒体操作和控制单元 E380 无法进行调整和控制、诊断管理器的故障存储器中存有故障"光纤数据总线断路"，并且所有 MOST 用户都无法用自诊断进行诊断，只能通过诊断控制单元进行环路诊断。

（1）环路诊断

环路诊断开始后，诊断管理器通过诊断线向各控制单元发送一个脉冲，这个脉冲使得所有控制单元用光导发射器（FOT）内的发射单元发出光信号。在此过程中，所有控制单元检查自身的供电及其内部的电控功能并从环形总线上的前一个控制单元接收光信号；MOST 总线上的控制单元在一定时间内会应答，这个时间的长短由控制单元软件来确定。环路诊断开始后到控制单元做出应答有一段时间间隔，诊断管理器根据这段时间的长短就可判断出哪一个控制单元已经做出了应答。应答的内容包括：①控制单元电器方面正常也就是说，本控制单元的电控功能正常，如供电情况；②控制单元光学方面正常，也就是说，本控制单元的光敏二极管接收到环形总线上位于其前面的控制单元发出的光信号。诊断管理器通过这些信息就可识别系统是否有电器故障（供电故障），或是哪两个控制单元之间的光导数据传递中断了（图 5-14）。

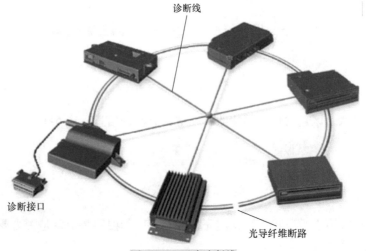

图 5-14　环路诊断线

（2）信号衰减增大的环路诊断（3dB 环路诊断）

通过降低光功率来进行环路诊断，用于识别增大的信号衰减。通过降低光功率来进行环路诊断，与正常环路诊断流程完全一致；不同之处是控制单元接通光导发射器（FOT）内的发光二极管时有 3dB 的衰减，也就是说光功率降低了一半。如果光导纤维（LWL）信号衰减增大，那么到达接收器的光信号就会非常弱，接收器会报告"光学故障"。于是诊断管理器就可识别出故障点，并且在用诊断仪查寻故障时会给出相应的帮助信息。

第二节 导航系统

目前全球定位系统主要包括美国的 GPS、俄罗斯的格洛纳斯、欧洲的伽利略和中国的北斗导航系统。卫星导航系统由 24 颗或 30 颗卫星组成，以美国的 GPS 为例，目前包括 24 颗卫星，定位在地球上空约 20000km 处，等距分布在 6 个轨道面上，每隔 12h 绕地球一圈（图 5-15）。

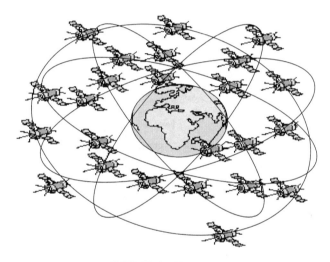

图 5-15 GPS 导航系统

1. GPS 工作原理

理论上在地球任何一个位置都能接收到至少 4 颗卫星发出的电波。GPS 卫星发送代码化的卫星轨道信息和根据电子钟确定电波发射时刻，以不同频率的载波将信息传到地球。车辆导航系统打开时，将接收来自卫星的信号。为了能准确定位，系统必须至少接收 3 颗卫星的信号。车辆接收到 GPS 卫星发出的精确电波发射时刻和位置信息，知道电波传播时间就可以计算出汽车位置，以三个不同卫星为中心的球面相交点就是汽车所在的位置。当出现接收信息时钟误差使 3 个球面无法相交时，利用第 4 个卫星的信息进行修正（图 5-16）。

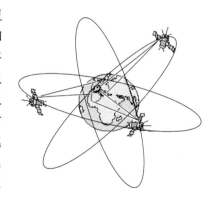

图 5-16 卫星定位原理

$$R_i = \sqrt{(X_i - X_0)^2 + (Y_i - Y_0)^2 + (Z_i - Z_0)^2}$$
$$R_i = Ct_i$$

式中　R_i——各卫星到汽车的距离，单位为 m；

　　　C——无线电波传播速度，与光速相等；

　　　t_i——各卫星电波到汽车所用时间。

如果多个卫星关闭或失灵，可能会导致 GPS 接收故障，并由此影响车辆定位。

2. 推算定位

导航控制单元根据转动角度传感器计算出方向角度的变化，根据车轮转速传感器计算出行驶里程，从而计算出车辆的路线图。导航控制单元将路线图与存储在导航控制单元中的地图相对比，也就是"地图匹配"，这个过程每秒钟要进行好几次。通过"地图匹配"，在市区行驶的定位精度可以达到 ±5m，在长途公路上行驶的定位精度可以达到 ±50m（图5-17）。

图 5-17　推算定位

车辆导航系统是卫星导航和推算定位导航互相协作的系统（图5-18）。

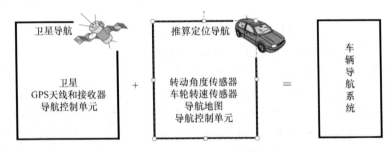

图 5-18　车辆导航工作原理

3. 车辆行驶方向识别

转动角度传感器用于记录车辆行驶方向的变化；为识别车辆前进或倒车，控制单元另外还接收倒车灯开关的信号；同时，还根据行驶距离计算出曲线半径。现代车辆转角传感器多集成在安全气囊的螺旋电缆内或是电动转向器内，导航控制单元通过车载网络获得相关信息。

4. 导航工作过程

1）驾驶人通过导航系统操作界面和功能按钮输入目的地。

2）需要使用导航地图数据来识别目的地位置。

3）导航控制单元接收到卫星信号后计算车辆当前位置（精度为 ±100m）。

4）推算定位导航通过和电子地图对比后确定车辆位置（精度为 ±5m）。

5）路径引导以视图和声音信息方式输出。

6）行驶过程中，通过车轮转速传感器和转向角度传感器计算出行驶里程和方向。

7）系统一直监控驾驶人是否按照路径引导行驶。

8）系统提示路径引导的变更。

9）如果驾驶人还在去目的地的路上，则系统重新计算距离。

5. GPS 定位的影响因素（图 5-19）

1）多个卫星关闭或失灵，可能会导致 GPS 接收故障，并由此影响车辆定位。

2）GPS 天线接收效果如果受到限制，会影响汽车的定位结果。比如 GPS 天线被冰雪遮挡，以及在高大建筑楼群、隧道、山谷、立体停车场中。

3）在信号受到限制时，车辆根据转动角度和速度的计算来暂时定位，一旦恢复正常则以 GPS 定位值修正。

图 5-19　GPS 定位的影响因素

6. 导航系统常见故障与诊断分析

（1）导航系统收不到卫星信号

可能原因：

1）导航天线存在虚接或断路现象。这类问题在售后比较多见，尤其是导航天线插接器存在虚接，用万用表测量线路都是正常的，此时建议更换导航天线插接器。

2）导航天线或是天线放大模块存在故障。这类问题很少出现，一般多见车辆进水或是事故车。

3）导航主机存在故障。此类问题售后比较常见，主要原因是存储数据的硬盘在天气冷的时候容易出现无法读取的故障。

4）导航地图数据有故障。此类问题比较少见，在排除上述 3 点原因后可考虑重新安装导航数据。

(2) 导航系统显示一直初始化

此类问题是典型的导航控制单元存储硬盘损坏的表现，可通过更换硬盘重新安装系统来解决。

(3) 导航找不到路径

此类问题是典型的导航计算问题，首先应重新安装地图；如安装地图后仍不能解决问题，应更换导航主控单元。

(4) 导航数据不兼容和导航数据不可用

导航数据不兼容是由于导航地图软件版本高于系统软件版本所致，此类问题通过升级主控单元的系统软件就可以解决。导航数据不可用说明导航地图在控制单元内已删除，此时通过安装合适的导航地图就可以解决。

7. 典型案例

车型配置：奥迪 A8L，装配 3.0T 发动机。

故障现象：导航经常搜不到卫星。

诊断分析：现场验证故障，发现每次断电后可以搜到卫星，但热车熄火再次起动后故障仍然存在。用诊断仪检查信息娱乐系统，无故障码，检查导航控制单元至 GPS 天线线路，没有断路和短路现象；尝试升级导航地图和系统软件，但故障还是没有改善；替换 GPS 天线，没有解决故障，最后故障指向了导航主控单元 J794。

解决措施：更换信息娱乐主控单元（内集成导航模块）。

总结分析：该车之前因导航初始化更换过信息娱乐主控单元，之后客户就发现导航经常找不到卫星。结合每次断电后能正常工作一会，非常符合控制单元内部故障的现象。但该控制单元价格昂贵，所以还是采用了由小到大的排除措施。

第三节　车载天线与无线电相关知识

现代车辆配置了收音机、导航、车载电话、电视以及遥控器，这些系统工作时需要有天线接收系统才能正常工作。这些系统的天线虽然不同，但是它们的工作原理却是相同的。本节就重点讲解现代车辆典型的天线工作原理及无线电相关信息。

一、车载天线系统

(1) 天线分集系统（图 5-20）

分频盒根据中频反馈电压强度选择最佳的天线信号，并把它切换到高频电缆送给收音机。根据不同的接收质量，可交替或单独使用这些天线信号，也可同时使用。这意味着，其中一个内部调谐器负责当前电台的接收工作，而另一个调谐器接收相关的 RDS 数据，并同时在后台寻找质量更佳的无线电广播电台。如果成功搜索到，则两个接收调谐器互换角色。这种处理方式称为切换分频（图 5-21）。

(2) 天线相位分集系统（图 5-22）

相位分集是指两个独立的调谐器集成到收音机内。这两个调谐器的信号，如果需要的话，可以叠加起来，以改善接收质量。通过相位矫正器来延迟和改变信号相位，避免了可能

第五章 信息娱乐系统与车载网络

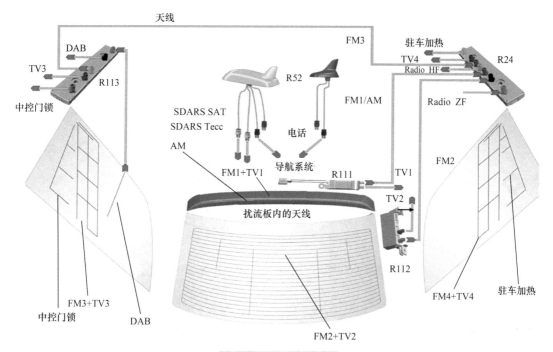

图 5-20 天线分集系统

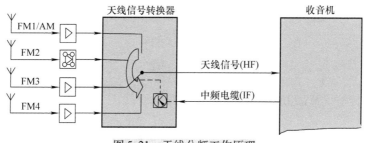

图 5-21 天线分频工作原理

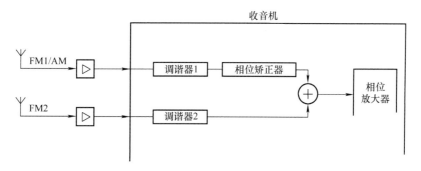

图 5-22 天线相位分集系统

产生相互抵消的相位。相关的控制单元可以对天线进行诊断，通过测试计划配合使用专用工具可以很快诊断出天线的故障原因。在实际的维修中，天线和天线放大器损坏的概率很小，主要损坏原因是由于事故导致线路或是放大器损坏。

二、无线电相关知识

调制的作用就是使相同频率范围的信号分别依托于不同频率的载波上，接收机就可以分离出所需的频率信号，不致互相干扰。

1. 调幅

采用振幅调制的高频振荡，其振幅随时间变化（图5-23）。

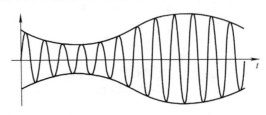

a) 调幅信号

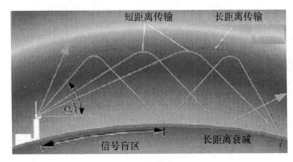

b) 调幅信号传输

图5-23 调幅

调幅信号的传输（MW/LW/KW），见图5-23。

2. 调频

采用频率调制的高频振荡，其频率随低频信号而发生变化（图5-24）。

调频信号的传输（VHF），见图5-25。

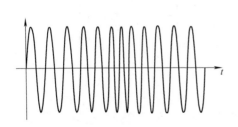

图5-24 调频信号

图5-25 调频信号传输

3. 信号接收错误的外在因素

信号接收错误的外在因素见图5-26。

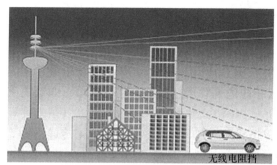

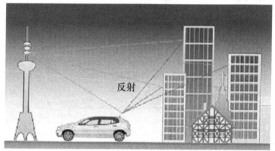

图 5-26 信号接收错误的外在因素

4. 常用车载天线频率

常用车载天线频率见图 5-27。

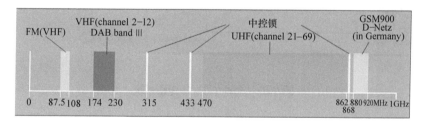

图 5-27 常用车载天线频率

5. 天线系统常见故障与诊断分析

天线系统在实际使用过程中很少损坏，当怀疑是天线系统故障时，主要是测量天线导线是否存在断路或短路；另处就是通过对调天线或天线放大器来确定故障原因。部分高端车型其天线具有自诊断能力，可以通过诊断仪来确定天线的好坏。

第四节 视频播放源与车载电话系统

现代车辆多在车上配置了多种视频播放装置，包括车载 DVD 机、电视接收器、车载硬盘、外接 USB 视频播放装置以及倒车影像输入视频或环视摄像系统的视频输入。另外，车载电话也成为现代越来越多车辆的标配，车载电话分直接读取 SIM 式和蓝牙接入式。本节重点对上述两部分内容进行讲解。

一、视频播放信号传输系统

以奥迪车型为例,在 MIB 信息娱乐系统之前,MOST10 系统无法传递视频信息。各控制单元的视频信息通过 LVDS 或是 FBAS 专线传给信息娱乐系统管理器 J794(或是 J523),J794 通过 E380 操作选取相应的视频信息从相关控制单元(如电视或 DVD)通过 FBAS 线传给信息娱乐主控单元。但从 MOST 150 开始,视频信息可以在光纤环路里传输,但从信息娱乐系统主控单元到显示屏仍采用 LVDS 视频专用传输线来传递(图 5-28)。

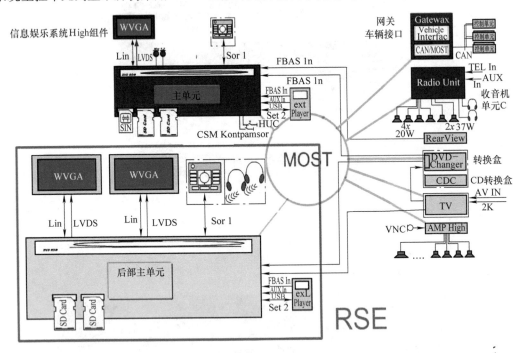

图 5-28 奥迪 C7 视频传输系统

1. 常见故障与诊断分析

在维修过程中,如果仅是没有图像或视频显示,而 MMI 其他操作菜单和声音都正常,说明故障可能是视频传输故障或是视频信号发出控制单元故障,如倒车影像控制单元 J772 或是电视 R78 以及 DVD 换碟机 R161 故障。视频传输也不是所有信号都直接到主控单元 J794,如 C7 车型电视的视频信息是先送给 DVD 换碟机 R161,然后才能到 J794;如果 R161 至 J794 视频信息传输异常,则电视无法观看。需要注意的是,现代车辆如果装配的电视为 CMMB 数字电视接收装置,则是需要付费观看的。如果电视节目无法接收,应首先在 CMMB 官网上选择 CA 卡号查询是否存在欠费可能,每个数字电视的 ID 号在 MMI 电视设置菜单下可找到或在控制单元的标签上可查到。

实际信息娱乐系统中,如果 MMI 显示屏菜单和声音正常,但没有视频显示,则可能是视频传输线路故障或是视频信息发出的相关控制单元存在故障。当然如果视频信号源,如 DVD 碟片或是电视信号不良(电视天线失效或是受环境影响接收效果变差)也能导致视频不能正常在 MMI 显示屏显示。在诊断中要结合故障发生的环境、工况,充分利用诊断设备进行分析判断。

2. 典型案例

车型配置：奥迪 C7，装配 3.0T 发动机。

故障现象：娱乐系统电视菜单只有声音没有图像（图 5-29）。

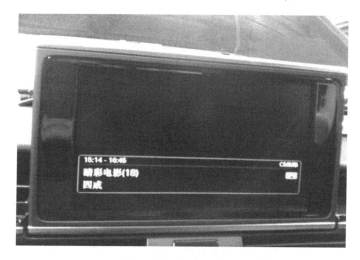

图 5-29　没有视频显示

诊断分析：首先重启了 MMI，观察故障现象没有发生变化。用诊断仪检查发现中国版数字电视调谐器 57 里有 "VAG02283：与终端单元的视频连接断路/对正极短路" 的故障码。根据故障码初步分析可能是电视控制单元到 J794 信息娱乐系统主控单元之间的视频传输线 FBAS 有故障。

解决措施：根据引导型测试计划，检查 DVD 换碟机和电视调谐器之间的视频线是否存在断路。经检查视频线不存在断路现象，使用专用工具 VAG1598/43 和 VAG1598/42 得出的诊断结果是 TV 电视调谐器发生故障。更换电视控制单元后故障排除。

总结分析：奥迪信息娱乐系统的音频和其他数据是通过 MOST 总线传递的，但是视频信号还是通过专用的视频信号线 FBAS 传递。对于 MMI3G + 电视视频信号，如果有 DVD 换碟机，则先通过 DVD 换碟机然后再到 J794；如果没有 DVD 换碟机，则直接到 J794。此车 DVD 换碟机可以正常播放视频文件，说明 DVD 换碟机到 J794 之间的视频传输信号正常。经检查 DVD 换碟机至电视调谐器的视频电缆，无断路和短路现象，所以判定是电视控制单元损坏。

二、车载电话系统

1. SIM 卡插在车载电话控制模块内

这类车载电话系统的特点是既可以在信息娱乐系统主功能菜单下操作，也可以使用蓝牙手持话机操作。免提模式和隐私模式都可以选择，SIM 卡可以插在电话控制单元内，也可以插在手持话机内。电话信息通过车载天线进行接收（图 5-30）。

2. 带有 SIM 卡接入模式（SAP）的蓝牙车载电话（图 5-31）

该车载电话的特点是 SIM 卡无法在电话模块上插入，但可以通过蓝牙 SAP 协议将 SIM

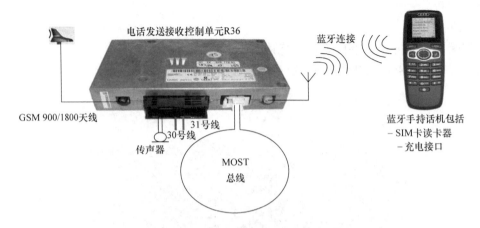

图 5-30　SIM 卡插在车载电话控制模块内

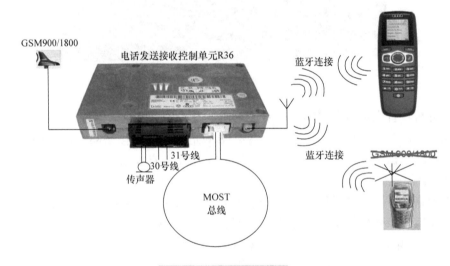

图 5-31　SIM 卡接入模式

卡所有信息读入电话模块内。在信息娱乐主功能菜单和手机上都可以操作电话,通过车载电话天线接收相关信息。此时手机耗电量很低,仅需支持蓝牙通信所需电量即可。

3. 蓝牙免提(HFP)系统(图 5-32)

此模式下使用手机本身的天线接收相关信息,电话控制单元仅相当于手机的传声器和扬声器。只能使用信息娱乐主功能菜单接听和挂断功能,无法使用操作电话拨号及其他复杂功能。

4. 车载互联网

装配该功能的车辆将上网用的数据 SIM 卡插入电话模块内,来实现在线帮助(比如救援)、互联网服务和创建车载 WLAN 热点。此配置的车辆由于电话模块内已插入上网用的 SIM 卡,电话功能通过远程 SIM 卡接入或是蓝牙免提接入。

5. 车载电话系统故障诊断分析

该系统在售后中故障率极低,当出现故障时可通过替换方式来确定当前 SIM 卡是否正

第五章 信息娱乐系统与车载网络 | 179

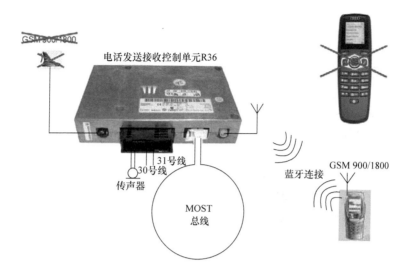

图 5-32 蓝牙免提（HFP）系统

常，然后可以将不同电话接入车载电话系统内来判断是手机故障还是电话模块故障。

第五节 音响系统

信息娱乐系统的所有音频输出都是由音频放大器（功放）来控制的，音频放大器也是 MOST 总线内的用户。当某个控制单元，如收音机或是 DVD 需要输出音频时，它们首先将音频信息放在 MOST 总线上；然后由音频放大器接收并放大后输出驱动相关扬声器（图 5-33）。

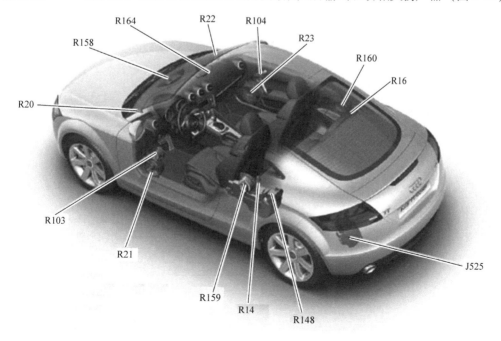

图 5-33 音响系统

1. 音响降噪

1）基本音响随着车速的增加而增加音响的响度来匹配环境噪声。

2）博世音响采用的是 Audi pilot 技术，它有一个车顶传声器 R74，用来给 J525 提供环境噪声信号，然后参考鼓风机转速、发动机版本、发动机转速等来调节音响系统。

3）ANC 是针对有闭缸技术的发动机的一种主动噪声控制系统。它根据分布在车顶的 5 个传声器传回的噪声信号，ANC 控制单元的特性曲线根据输入信号，会把四个低音扬声器和重低音扬声器各自的相位、频率和振幅都计算出来。

2. 声学定位（图 5-34）

客户乘坐车辆时其并不在声学中心，所以理论上其收听到的音频效果并不理想。但是带有数字信号助力的功放系统，其所有功放的输出都调整过频率反馈（均衡）和相位（时间）的信号，这些电子校正措施可以将收听者重新定位于声学中心（图 5-35）。收听者位于一个电子产生的声学中心。该位置可以在 MMI 调整。

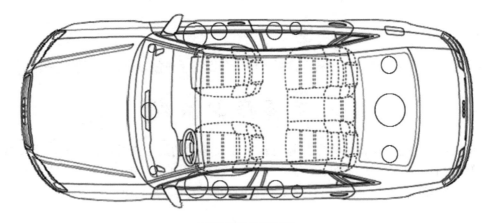

图 5-34　声学定位

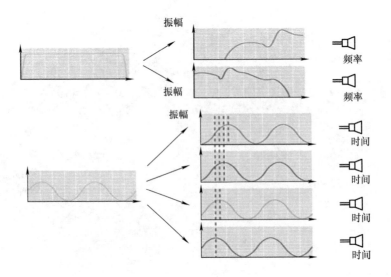

图 5-35　均匀的声音分配

3. 常见故障现象与诊断分析

（1）信息娱乐系统没有声音，音量调节按钮不可用

此故障是典型的音频放大器输出故障，这类故障常伴有音频放大器进水导致损坏。售后维修对此类问题如音频放大器供电和搭铁正常，则更换损坏的音频放大器即可。

（2）扬声器有杂音

此类故障由两种原因导致，一种是车内存在电磁或电流波动干扰。因汽车主要电磁和电流干扰源大部分是在发动机正常工作时产生，如点火线圈、交流发电机，所以此类问题在排除加装电器元件后应在打开点火开关、发动机不起动的工况下检查故障是否可以重现。如故障不重现，则重点从上述可能原因中检查。

第二种原因仍然是由于音频放大器自身质量问题所至，可以通过备件替换来确定故障原因。

（3）音频输出断断续续

此类故障应首先确定是所有播放源都是这种情况，如收音机、CD机、DVD、电视、外接音乐接口，还是某个播放源是这种情况。如是个别播放源应重点检查音频载体（CD、DVD）或音频信号是否可靠（如收音机、电视）。如所有播放源都有此类问题，则最大可能是音频放大器处于部件保护模式，应首先解除部件保护。

4. 典型案例

车型配置：奥迪 A4L，装配 2.0T 发动机。

故障现象：娱乐系统没声音。

诊断分析：用诊断仪检测发现音响控制单元无法达到。检测音响控制单元熔丝上的电压，为 12.5V；用试灯检查无法点亮，说明音响控制单元电源供给线路存在虚接现象。

解决措施：经检查，蓄电池正极附近去往音响控制单元电源线的铰接点已被腐蚀。修复受损线路后故障消除。

第六节　车载网络系统

汽车电子技术正在飞速发展，汽车电器日趋复杂，高度集成的多功能使原有单线传输无法满足现代汽车的工作需要。在这种情况下总线技术及车载网络的出现，使汽车拥有更多、更强的功能成为现实。汽车上常用的总线有 CAN 总线、LIN 总线、MOST 总线（本章第一节已详细讲解）、FlexRay 总线和 Bluetooth 蓝牙通信协议（图 5-36）。

总线传输的优点：

① 错误率很小。

② 数据传输速度快。

③ 传感器和信号线数量更少。

④ 添加控制单元只需修改总线软件。

⑤ 控制单元和控制单元插头的尺寸更小，节省空间。

⑥ 不同生产商制造的控制单元之间也可以进行数据交换。

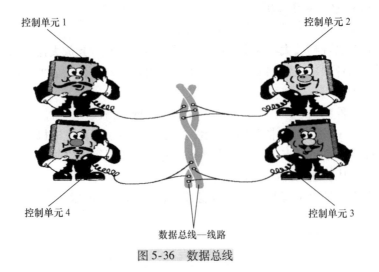

图 5-36 数据总线

一、CAN 总线

CAN - Bus 是 Controller Area Network 的缩写，称为控制器局域网络，它是车用控制单元传输信息的一种形式。车上的布线空间有限，CAN - Bus 系统的控制单元连接方式采用铜缆串行方式。由于控制器采用串行合用方式，不同控制器之间的信息传送方式是广播式传输。也就是说，每个控制单元不指定接收者，把所有的信息都往外发送；由接收控制器自主选择是否需要接收这些信息。

1. CAN 总线组成（图 5-37）

1）CAN 收发器：安装在控制器内部，同时兼具接收和发送的功能，将控制器传来的数据转化为电信号并将其送入数据传输线。

2）数据传输终端：是一个电阻，防止数据在线端被反射，以回声的形式返回，影响数据的传输。

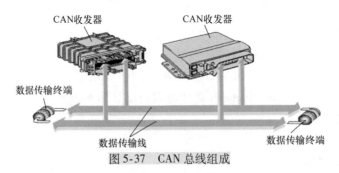

图 5-37 CAN 总线组成

3）数据传输线：双向数据线，由高低双绞线组成（图 5-38）。

2. CAN 传输原理

CAN 总线采用双绞线自身校验的结构，既可以防止电磁干扰对传输信息的影响，也可以防止本身对外界的干扰。系统中采用高低电平两根数据线，控制器输出的信号同时向两根通信线发送，高低电平互为镜像。并且每一个控制器都增加了终端电阻，以减少数据传送时的过调效应。

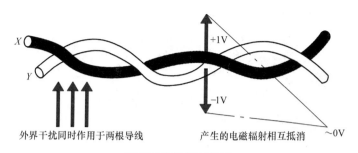

图 5-38 双绞线结构

CAN 总线根据实际工作需要分为高速 CAN 总线（传输速率为 500kbit/s，不支持单线传输模式）和低速 CAN 总线（传输速率为 100kbit/s，支持单线传输模式）。

3. CAN 总线常见故障现象与诊断分析

CAN 总线系统出现故障时，对于高速 CAN 总线，整个系统所有控制单元都无法到达。判断总线故障最有效的办法就是通过示波器来测量相关总线的波形，然后通过波形来分析故障原因是什么。

（1）高速 CAN 总线故障波形

1）高速 CAN – High 断路（图 5-39）。

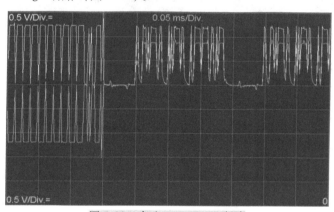

图 5-39 高速 CAN – High 断路

2）高速 CAN – Low 断路（图 5-40）。

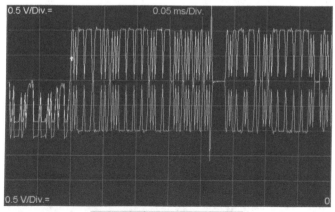

图 5-40 高速 CAN – Low 断路

3) 高速 CAN – High 和 CAN – Low 接反（图 5-41）。

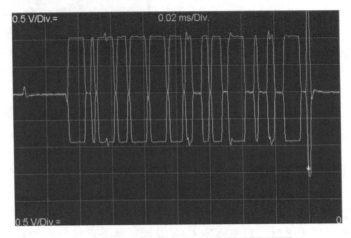

图 5-41　高速 CAN – High 和 CAN – Low 接反

4) 高速 CAN – High 正极短路（图 5-42）。

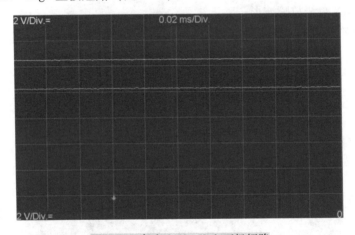

图 5-42　高速 CAN – High 正极短路

5) 高速 CAN – Low 正极短路（图 5-43）。

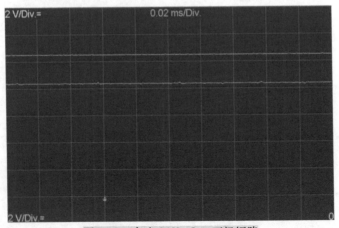

图 5-43　高速 CAN – Low 正极短路

6）高速 CAN – High 搭铁短路（图 5-44）。

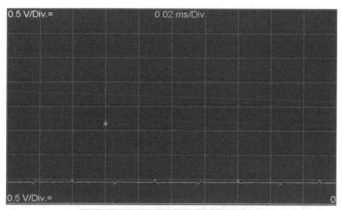

图 5-44　高速 CAN – High 搭铁短路

7）高速 CAN – Low 搭铁短路（图 5-45）。

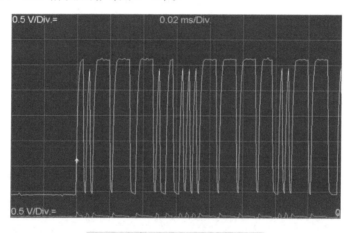

图 5-45　高速 CAN – Low 搭铁短路

8）高速 CAN – High 和 CAN – Low 之间短路（图 5-46）。

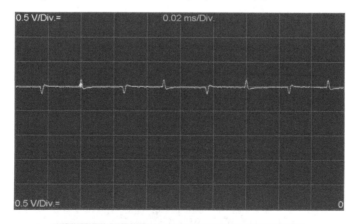

图 5-46　高速 CAN – High 和 CAN – Low 之间短路

（2）低速 CAN 故障波形

1）低速 CAN – High 断路（图 5-47）。

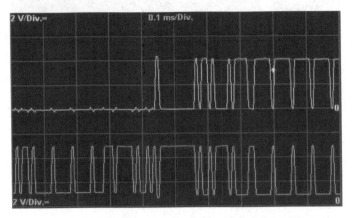

图 5-47　低速 CAN – High 断路

2）低速 CAN – Low 断路（5-48）。

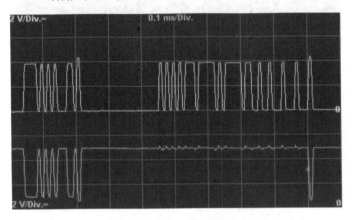

图 5-48　低速 CAN – Low 断路

3）低速 CAN – High 和 CAN – Low 线路反接（图 5-49）。

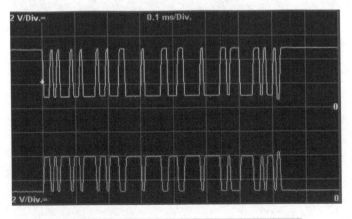

图 5-49　低速 CAN – High 和 CAN – Low 线路反接

4）低速 CAN – High 正极短路（图 5-50）。

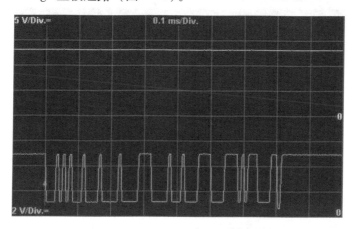

图 5-50　低速 CAN – High 正极短路

5）低速 CAN – Low 正极短路（图 5-51）。

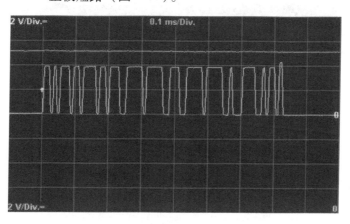

图 5-51　低速 CAN – Low 正极短路

6）低速 CAN – High 搭铁短路（图 5-52）。

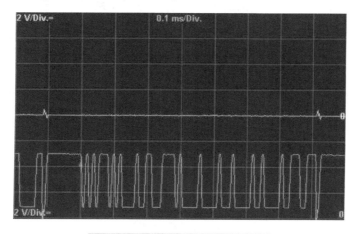

图 5-52　低速 CAN – High 搭铁短路

7）低速 CAN – Low 搭铁短路（图 5-53）。

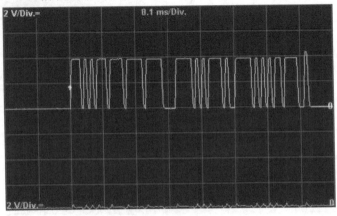

图 5-53　低速 CAN – Low 搭铁短路

8）低速 CAN – High 和 CAN – Low 之间短路（图 5-54）。

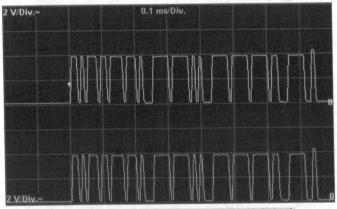

图 5-54　低速 CAN – High 和 CAN – Low 之间短路

二、LIN 总线

LIN 总线是一种以单线传输信息的主、从结构的总线系统，传输速率为 20kbit/s。LIN 从用户不能进行直接诊断，必须通过 LIN 总线主控单元进行间接诊断（图 5-55）。

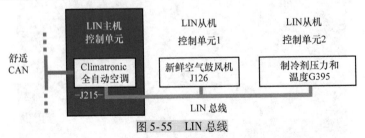

图 5-55　LIN 总线

1. LIN 总线控制单元

（1）LIN 主机控制单元
- 控制 LIN 总线。

- 确定发送的信息和发送的时间。
- 向 LIN 从机控制单元发送指令并且索取信息。
- 网关作为相应的 CAN 总线系统。
- 同步化 LIN 从机。
- 监控睡眠模式并将其导入。
- 在出现故障的情况下确定如何继续工作。
- 由主机进行 LIN 从机的诊断。

（2）LIN 从机控制单元
- 依靠从主机得到的头部信息来接收、传输或者忽略数据。
- 可以通过唤醒信号唤醒主机。
- 在接收数据时检查校验和。
- 在发送数据时生成校验和。
- 同步于主机的同步字节。
- 只有根据主机的需求才可以与其他从机进行数据交换。

2. LIN 总线传输模式

在 LIN 主机中存储了应被发送的信息的时间顺序（图 5-56）。

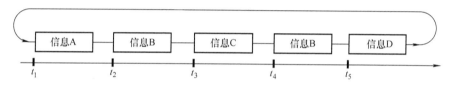

图 5-56　LIN 总线传输模式

主控制单元的环境条件改变每个信息的发送顺序或频率（图 5-57）。

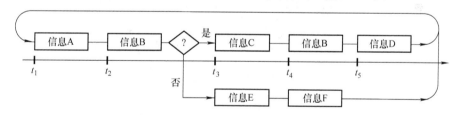

图 5-57　主控制单元改变传输顺序

只有当主机相应的信息头（Header）发出要求时，LIN 从机才会将其数据传到 LIN 总线。所发送的数据可供每个 LIN 总线成员接收（图 5-58）。

数据存取（图 5-59）：

LIN 信息 1：主机向从机 1 发出数据请求。

LIN 信息 2：主机向从机 2 发出数据请求。

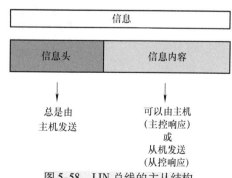

图 5-58　LIN 总线的主从结构

LIN 信息3：主机发送数据。

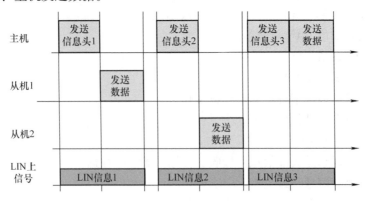

图 5-59　数据存取

　　LIN 主机可以使 LIN 从机由正常模式进入休眠模式。LIN 从机可以向 LIN 主机发送一个特定的"唤醒"信号，表明希望从休眠模式切换至正常模式。"唤醒"信号并不是通常的 LIN 信息。主机通过发送一个同步暂停信息唤醒从机（图 5-60）。

3. LIN 线常见故障现象与诊断分析

（1）LIN 线短路（无论对正极还是负极）

系统关闭，所有用户无法进行信息交换。

在售后维修类似故障时，一般采用先依次断开 LIN 用户来判断是否某一个控制单元由于自身故障导致整个系统无法通信；如断开后仍不能排除，则只能通过常规手段用万用表逐步排查。

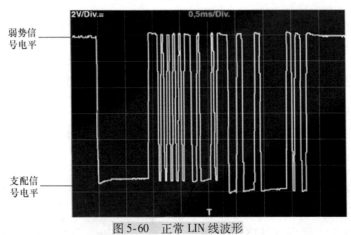

图 5-60　正常 LIN 线波形

（2）LIN 线断路

从断点开始向后所有的控制单元无法通信（图 5-61）。

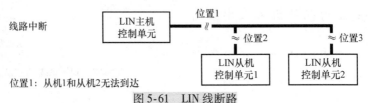

图 5-61　LIN 线断路

此类故障首先要查询电路图，确定 LIN 总线系统内从控制单元的顺序位置；然后根据诊断仪提示确定无法通信的哪个从控制单元最靠近主控单元，使用示波器分别从此控制单元 LIN 线输入和 LIN 线输出来测量其波形是否异常来判断是线路断路或是控制单元损坏。如没有示波器，也可以用万用表来测量通断，当怀疑某个控制单元损坏无法发出信息时，可以直接跨接从控制单元的 LIN 输入线和 LIN 输出线；此时除已经短路的控制单元外，其他 LIN 用户应该可以到达。

4. 经典案例

车型配置：奥迪 A8L，装配 3.0T 发动机。

故障现象：天窗无法动作。

诊断分析：用诊断仪检查，舒适系统控制单元 J393 内有故障码"连接 3（LIN 总线）断路对地短路故障"，初步分析是 LIN 线存在断路或短路。

解决措施：查寻电路图可知，J393 到 J245 之间只有 T6au 一个节点，把该节点断开，故障现象依旧，说明从 T6au 到 J393 之间的 LIN 总线有问题。测量两节点之间的线路电阻，为 0Ω，说明没有断路。该线路与车身的电阻也为 0Ω，说明该线路对地搭铁。进一步检查在 T6au 处发现于搭铁线破皮搭铁，修复线束后故障排除。

三、FlexRay 总线

随着车辆功能的逐步增加，不仅要求车载总线传输的信息量更大，同时也要求更快的传输速率。基于汽车技术发展需要，多家企业成立了 FlexRay 联盟，开发出了新的双绞线总线系统 FlexRay（图 5-62）。该总线采用时间控制式数据传输，最高传输速率可达 10Mbit/s。

图 5-62 FlexRay 总线

1. FlexRay 总线传输特点

1）可采用星形、线性、混合和冗余拓扑结构。

2）数据传输分为 Idle（空闲）、Data 0（数据 0）、Data 1（数据 1）三种工作状态。

3）可实现分散调节并可用于与安全相关的系统。

4）实时传输。

2. FlexRay 总线传输原理

总线信息通过"通信周期"不断循环传输，一个通信周期持续 5ms（图 5-63）。通信周期由静态段、动态段和空闲段组成。

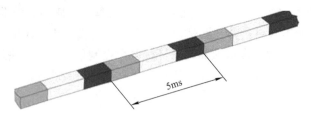

图 5-63　FlexRay 总线传输原理

（1）静态段（总线用户之间传递信息）

静态段被分为 62 个时隙，即"时间槽"（图 5-64）。一个静态时隙只能发送到一个特定的总线用户中，但是，所有总线用户可以接收所有静态时隙，也包括那些与它没有确定关系的时隙。

所有静态时隙的长度都相等，都是 42B。时隙的顺序固定不变。在连续的通信周期中，各个静态段传输不同内容的信息。一般来说，无论所有时隙是否都承载信息，整个时隙结构都会被传输。

（2）网络空闲时间（FlexRay 总线上没有信息在传输）

图 5-64　静态段

总线诊断接口利用这段时间同步 FlexRay 总线上数据传输的过程。所有总线用户利用网络空闲时间使内部时钟与全球时基同步（图 5-65）。

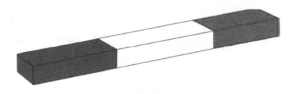

图 5-65　网络空闲时间

（3）动态段

通信周期中为了能够传输事件触发的数据而预留的位置动态段被分成若干个最小的时隙，所有总线用户都会接收动态段（图 5-66）。

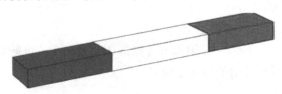

图 5-66　动态段

(4) 信号传输规率

两条导线上的电平在最低值 1.5V 和最高值 3.5V 之间变换。"空闲"时两导线的电平都为 2.5V；"Data 0"时 Busplus 上低电平，Busminus 上高电平；"Data 1"时 Busplus 上高电平，Busminus 上低电平（图 5-67）。

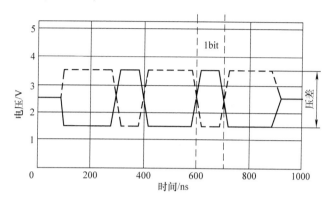

图 5-67　信号传输规率

3. FlexRay 总线的应用

1）宝马车系 FlexRay 总线拓扑结构如图 5-68 所示。

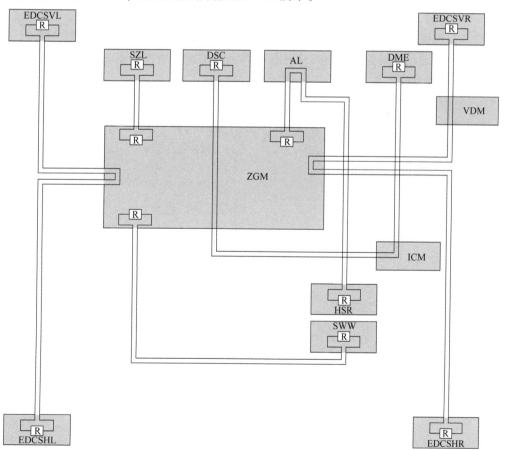

图 5-68　宝马车系 FlexRay 总线拓扑结构

2)奥迪车系 FlexRay 总线拓扑结构如图 5-69 所示。

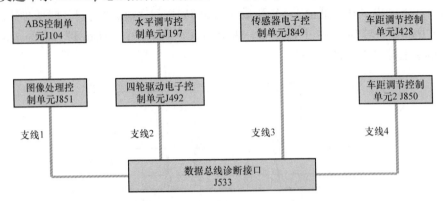

图 5-69 奥迪车系 FlexRay 总线拓扑结构

4. FlexRay 总线故障现象与诊断分析

由于 FlexRay 总线每次休眠后需要唤醒才能正常传输数据,不同车型的冷态唤醒控制单元也不同。至少需要两个以上冷启动控制单元正常通信后才能唤醒整个 FlexRay 总线系统。在维修时一定要查阅相关资料确定哪些控制单元是冷启动单元,只有保证冷启动控制单元工作正常才能进行下一步的检查工作。

FlexRay 总线主要故障是短路和断路,由于 FlexRay 总线传输速率很高,一般示波器很难捕捉到该数据波形(只有实验室用高速示波器可以做到)。所以在售后维修过程中,当有故障出现时一般通过测量各支线中的总电阻来确定故障原因所在。图 5-70 所示是奥迪车型 FlexRay 总线电阻分配示意图。

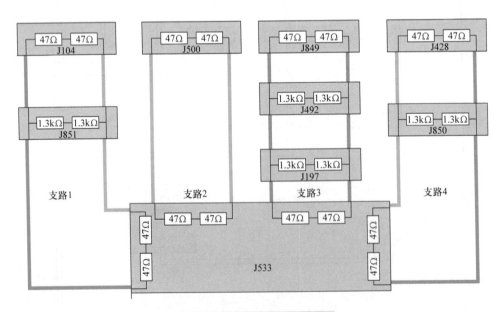

图 5-70 FlexRay 总线电阻分配

图 5-71 所示为实验室用示波器捕捉到的 FlexRay 总线波形。

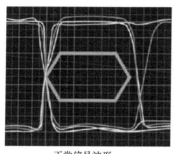
正常信号波形

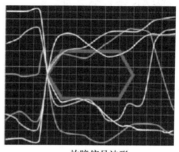
故障信号波形

图 5-71 FlexRay 总线波形

复 习 题

一、填空题

1. 信息娱乐系统包括_____、_____、_____、_____、_____、_____、_____、_____、_____、_____等。
2. MOST 总线系统是一种_____数据网络传输系统。
3. MOST 总线的系统有_____、_____、_____、_____。
4. MOST 总线两种环路诊断系统，分别是_____和_____。
5. 车辆导航系统是_____和_____互相协作的系统。
6. 常见车载天线系统有_____和_____系统。
7. 车载电话接入模式有_____、_____和_____三种。
8. 汽车上常用的总线系统有_____、_____、_____、_____和_____。
9. CAN 总线采用_____校验的结构，既可以防止_____对传输信息的影响，也可以防止_____的干扰。
10. LIN 总线是一种以单线传输信息的_____结构的总线系统，传输速率为_____。
11. FlexRay 总线采用_____数据传输，最高传输速率可达_____。
12. FlexRay 总线通信周期由"_____、_____和_____"组成。
13. CAN 总线根据实际工作需要分为_____总线（传输速率为____kbit/s，不支持单线传输模式）和_____总线（传输速率为____kbit/s，支持____传输模式）。
14. 车载电话在接入_____模式下，手机相当于车载电话的读卡器。
15. 常见控制单元之间的视频信息通过_____或_____传递。
16. 为了能准确定位，GPS 必须至少接收_____颗卫星的信号。

二、简述题

1. 光纤数据（MOST）总线信号衰减增大的原因有哪些？
2. 简述 MOST 总线环路诊断系统工作过程。

3. 影响 GPS 定位的影响因素有哪些?
4. FlexRay 总线传输特点有哪些?
5. 车载总线传输的优点有哪些?
6. LIN 从机控制单元有哪些功能?
7. 简述信息娱乐系统仅没有视频或图像显示的可能原因。
8. 简述音频输出断断续续的可能原因。

第六章 新能源汽车与智能网联汽车

第一节 新能源汽车

随着汽车保有量的增加，石油作为不可再生资源，从长期看无法持续支撑车用燃料巨大的需求；且无法避免碳排放污染等问题。为此，寻找清洁的替代能源作为汽车动力，一直是各国努力探索的目标。新能源汽车因此得到了高度重视，一些欧洲国家及车企相继公布了燃油车禁售时间表；我国的长安汽车是国内第一家公布在2025年后禁售燃油车的车企。

新能源汽车包括插电式混合动力汽车、纯电动汽车和氢燃料电池汽车。插电式混合动力汽车技术已经成熟，且在现阶段充电桩还没有大规模普及之前不受续驶里程的限制。近年来，国内各大车企纷纷推出自己的插电式混合动力汽车占领市场。纯电动汽车受政策导向，保有量稳步上升，代表车型如美国特斯拉 Model s、国内的比亚迪 e6 均有较大的销量。随着续驶里程的增加、充电桩的普及动力电池和充电技术的进步，纯电动汽车有望成为下一轮汽车工业发展的高峰。氢燃料电池汽车虽然在排放和续航里程方面有明显的优势，但是由于氢气的储存、运输都存在一定风险。目前还处于基础研发和小批量试营运阶段。

一、混合动力汽车

混合动力是指由两种以上的动力源组成的驱动系统，其主要由控制系统、驱动系统、辅助动力系统和蓄电池组等部分构成。在以电力为动力源的新能源技术中，混合动力技术成为最早量产化的技术。作为连接电动汽车时代和内燃机汽车时代的过渡产品，其技术已经日益成熟。

1. 混合动力汽车组成结构

混合动力汽车主要由四个部分组成，即混合动力发动机、混合动力变速器、混合动力控制器处理器（HCP）、大容量锂蓄电池和超级电容器。混合动力汽车组成见图6-1。混合动力汽车的关键是混合动力控制器处理器。目前该项技术已经日趋完善。

锂蓄电池的容量将决定车辆的续驶里程和充电时间，也是电动汽车发展的主要瓶颈。在正常行驶时，电动汽车从蓄电池中吸取的平均功率相当低，而加速和爬坡时的峰值功率又相当高，一辆高性能电动汽车的峰值功率与平均功率之比可达16:1。事实上，电动汽车行驶中用于加速和爬坡所消耗的能量占到总能耗的2/3。在现有的蓄电池技术条件下，蓄电池必须在比能量和比功率以及比功率和循环寿命之间做出平衡，而难以在一套能源系统上同时追求高比能量、高比功率和长寿命。蓄电池与超级电容器混合动力汽车的出现很好地解决了电动汽车续驶里程与加速爬坡性能之间的矛盾。其中由蓄电池提供最佳的续驶里程，而由超级电容在加速和爬坡需要大功率时提供短时的辅助动力。超级电容的能量可以直接取自蓄电池，也可以在电动汽车制动或下坡时回收可再生的动能。

图 6-1 混合动力汽车

超级电容的正常工作温度在 -40 ~ +70℃ 之间。燃油汽车在 -15℃ 时起动已经困难,而用超级电容即使是在 -30℃ 时,仍能顺利起动。与蓄电池相比,超级电容不仅重量明显低、更环保,而且具有更长的使用寿命、更低的维护成本。

2. 混合动力系统的分类

混合动力总成以动力传输路线分类,可分为串联式、并联式和混联式三种。

(1) 串联式(图 6-2)

动力由发动机、发电机和电动机三部分动力总成组成,它们之间用串联的方式组成动力单元系统,由发动机驱动发电机发电,电能通过控制器输送到蓄电池或电动机,然后由电动机通过变速机构驱动汽车。

(2) 并联式(图 6-3)

并联式动力由发动机和电动机共同驱动汽车,发动机与电动机分属两套系统,可以分别独立地向汽车传动系统提供动力,也可以在不同的工况下自动选择共同驱动或单独驱动。这种方式变速装置和动力负荷装置、传动机构较为复杂,且电动机只作为辅助动力,汽油机不能关闭。

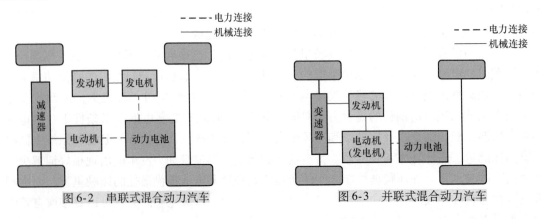

图 6-2 串联式混合动力汽车　　　　图 6-3 并联式混合动力汽车

（3）混联式（图6-4）

混联式结合了串联式和并联式的特点。它的动力系统包括发动机、发电机和电动机，能够分别单独使用汽油机或电动机驱动车辆前进。

3. 混合动力系统运行模式

1）在静止的时候汽油机处于关闭状态，避免发动机怠速消耗燃料（图6-5）。

2）在加速过程中汽油机和电动机会同时工作，为车辆提供足够的动力（图6-6）。

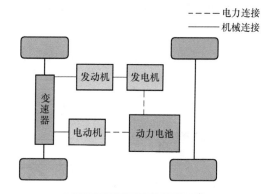

图6-4 混联式混合动力汽车

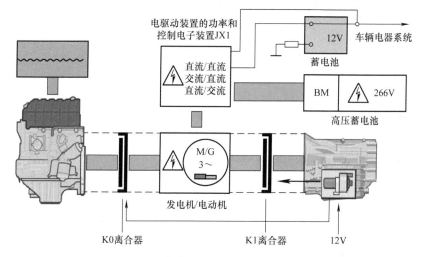

图6-5 停车待机状态

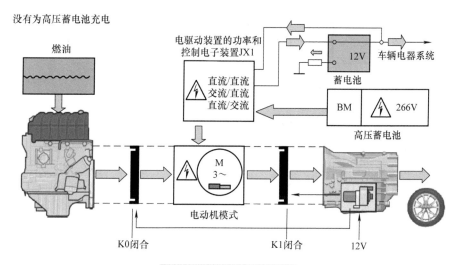

图6-6 加速混合驱动状态

3）在低速行驶时（例如车速在50km/h以下），发动机的VTEC机构会令发动机关闭，靠蓄电池的电能提供给电动机来驱动车辆（图6-7）。

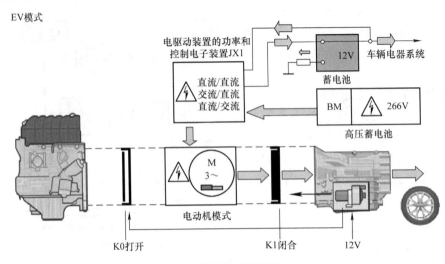

图6-7　低速电动驱动

4）在高速状态下，汽油发动机提供车辆行驶的全部动力；而在减速的时候发动机不再提供动力，同时一部分动能会被回收，储存在蓄电池中（图6-8）。

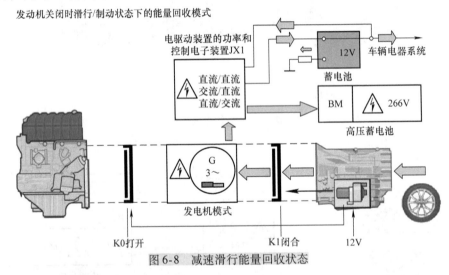

图6-8　减速滑行能量回收状态

4. 混合动力系统的技术性能

（1）混合动力系统锂蓄电池的容量

目前大部分混合动力系统百千米油耗多为5~6L，只有少数配置较好的车型百千米油耗控制在3L，所以整体并不十分理想。其主要障碍是锂蓄电池的容量，目前大部分厂家还没有形成真正的突破。通用Volt混合动力概念车的锂离子充电蓄电池，其容量为16kW·h，这是丰田汽车销售的现有混合动力车普瑞斯（Prius）装备的蓄电池容量的12倍。该锂离子电池可以利用家用电源充电，充电1次可纯电动行驶约64km。但从蓄电池容量来看，可以和不少纯电动汽车相媲美。通用Volt概念车的混合形式为串联型，其采用两个额定功率为40kW（最大为120kW）轮边电机驱动前轮的驱动方式，配合1.0L排量3缸涡轮增压汽油发动机，以及最大输出功率为53kW的发电机。发动机和发电机安装在车前部的发动机舱中，锂离子充电蓄电池则配备在车辆的中央通道位置。Volt概念车每天仅需一个110V接口充电6h，就可以充满。一旦蓄电池即将耗尽，发动机带动发电机发电，此时耗油量相当于每升可以行车42km。

比亚迪F3DM双模电动汽车整合了汽车蓄电池技术、电机系统、车载电子技术等多项高科技技术。在动力方面，F3DM双模电动汽车搭载了BYD371QA全铝发动机，升功率突破了50kW/L，配合75kW的电机，双模电动汽车输出功率为125kW，达到排量为3.0L发动机的动力输出水平。即使在纯电动的模式下，F3DM双模电动汽车也可实现最长100km的续驶里程，最高车速可达150km/h。

（2）混合动力的优点

1）锂蓄电池已经能够十分方便地回收制动时、下坡时、怠速时的能量。

2）在繁华市区，可关停内燃机，由蓄电池单独驱动，实现"零"排放。

3）有了内燃机可以十分方便地解决耗能大的空调、取暖、除霜等纯电动汽车遇到的难题。

4）可以利用现有的加油站加油，不必再投资。

5）混合动力技术可以让蓄电池保持良好的工作状态，不发生过度充电、过度放电，可以延长其使用寿命，降低成本。

（3）混合动力目前的局限性

1）成本高。有两套动力，车身重量较大，再加上两套动力的管理控制系统，结构复杂，技术较难，价格较高，其使用主要靠政府补贴。

2）长距离高速行驶基本不能省油。

5. 插电式混合动力汽车

插电式混合动力汽车是指车辆的驱动力由驱动电机及发动机同时或单独供给（动力组合方式和混合动力相同），并且可由外部提供电能进行充电，纯电动模式下连续行驶里程不低于50km的混合动力汽车（图6-9）。

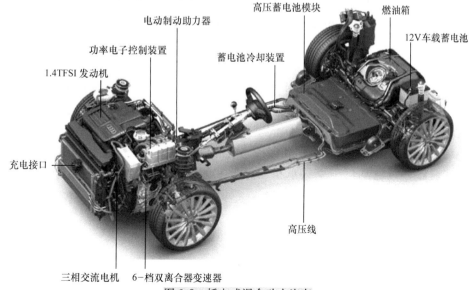

图6-9 插电式混合动力汽车

根据国家相关法规，插电式混合动力汽车以纯电动方式连续行驶至少要超过50km。所以插电式混合动力汽车和其他混合动力汽车相比除了高压蓄电池容量加大和电机驱动功率增加，同时增加了高压加热器和充电接口（图6-10），以满足乘客在纯电动行驶过程中的温度需求并尽可能延展纯电动行驶里程。

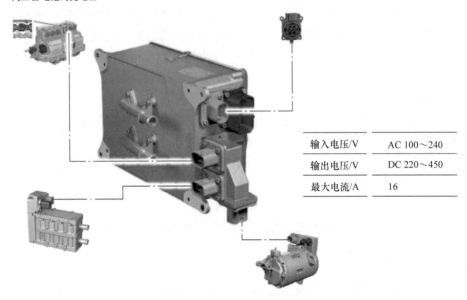

图6-10　高压蓄电池的充电接口

6. 增程式混合动力汽车

增程式混合动力汽车是指车辆高压蓄电池在正常充电后电动行驶里程至少可以超过50km。在行驶过程中当蓄电池的电能耗尽时，会起动一个单缸内燃机或小功率内燃机驱动一台发电机发电，进而给高压蓄电池充电。由于内燃机可以不断为高压蓄电池充电，汽车续驶里程得到延展。增程式混合动力的特点是内燃机只驱动发电机，并不能直接驱动汽车，在汽车整个行驶过程中始终以纯电动方式驱动（图6-11）。

二、纯电动汽车

纯电动汽车是指汽车仅依靠电力作为唯一驱动力的汽车。电动汽车早在内燃汽车发明之前便已经诞生。近年来由于环境保护和能源危机进一步突显，随着电动汽车续驶里程和相关技术的进步，电动汽车有望成为下一次汽车工业革命的焦点。

纯电动汽车在高压电方面的结构类似插电式混合动力，不同的是纯电动汽车完全取消了内燃机。变速器在纯电动汽车里只承担减速器和差速器的作用，改变传动方向由电机来执行。

1. 纯电动汽车的结构组成

纯电动汽车的结构组成如图6-12所示。

2. 电动汽车常用蓄电池分类

（1）镍氢蓄电池

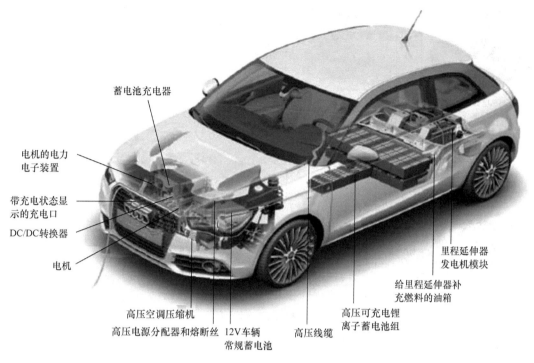

图 6-11 奥迪 A1 增程式混合动力汽车

日本早期的电动汽车使用镍氢蓄电池或镍镉蓄电池,电池容量较低,输出功率、最高车速、续驶里程均不理想。这段时间的代表车型为丰田汽车和美国特斯拉公司合作,共同研发完成 RAV4 电动概念车。这款车型由丰田提供了 RAV4 的车身和零部件,特斯拉则进行了动力系统的研发。第一代 RAV4 电动汽车可以追溯到 1997 年,当时丰田在美国市场仅仅售出了 1000 多辆,毕竟当时新能源车的使用条件还不成熟。采用镍氢蓄电池组的第一代 RAV4 充满电之后车速可达 125km/h 左右(图 6-13)。

(2)锂离子电池

锂离子蓄电池能量密度大,平均输出电压高,工作范围宽(-20~60℃),循环性优越,可快速充放电,充电效率高达 100%;而且输出功率大,寿命也长。根据使用的电解质不同,锂离子蓄电池分为液态锂离子蓄电池和聚合物锂离子蓄电池。聚合物锂离子蓄电池所用的正负极材料与液态锂离子蓄电池都是相同的,它们的工作原理也基本相同。主要区别是电解质不同,液态锂离子蓄电池采用液体电解质,聚合物锂离子蓄电池采用固体聚合物电解质,这种聚合物可以是干态的,也可以是胶态的,目前大部分采用聚合物胶态电解质。

大众高尔夫纯电动汽车采用前轮驱动方式,行驶里程可达 150km,这一行驶里程完全能够满足绝大多数人的日常出行需求。其最大功率为 85kW,连续输出功率为 50kW。百千米加速时间为 11.8s,极速可达 140km/h。在行李箱及整个车厢地板下面是由 180 个锂离子电池单元组成的电池模块,再加上独立的通风冷却装置,整个蓄电池组件的重量达 315kg。

比亚迪是全球第二大和国内最大的动力电池生产商,一直坚持磷酸铁锂电池的技术路线,是全球磷酸铁锂电池技术的领导者。比亚迪也开始大规模布局三元锂电池,这意味着三元锂电池的技术路线在未来将会占据主导地位。当然,更多技术特性的产品组合也有利于抢

图 6-12　纯电动汽车的结构组成

占市场份额。比亚迪 E6 是一款纯电动四驱轿车，是比亚迪继 F3DM 之后再次打造的第二款新能源车型。E6 最大的亮点，即采用电力驱动，其动力电池和起动电池均采用比亚迪自主研发生产的磷酸铁锂电池，不会对环境造成任何危害，其含有的所有化学物质均可在自然界中被环境以无害的方式分解吸收。充电方式可以使用 220V 民用电源，而在专用充电站上仅需 15min 左右就可充满电池 80%。作为一款纯电动汽车，E6 采用了前后双电机的四驱方式，前电机功率高达 159kW，后电机最大功率为 40kW，最高车速超过 160km/h，百千米加速时间在 10s 以内，百千米能耗约为 21.5kW·h，仅相当于燃油车 $\frac{1}{4} \sim \frac{1}{3}$ 的消费价格。

图 6-13　镍氢蓄电池

3. 电动汽车蓄电池的局限性

电动汽车蓄电池组由多个蓄电池串联叠置组成。一个典型的蓄电池组大约有 96 个蓄电池，对充电到 4.2V 的锂离子电池而言，这样的蓄电池组可产生超过 400V 的总电压。尽管汽车电源系统将蓄电池组看作单个高压蓄电池，每次都对整个蓄电池组进行充电和放电，但蓄电池控制系统必须独立考虑每个蓄电池的情况。如果蓄电池组中的一个蓄电池容量稍微低于其他蓄电池，那么经过多次充电/放电周期后，其充电状态将逐渐偏离其他蓄电池。如果这个蓄电池的充电状态没有周期性地与其他蓄电池平衡，那么它最终将进入深度放电状态，从而导致损坏，并最终形成蓄电池组故障。为防止这种情况发生，每个蓄电池的电压都必须监视，以确定充电状态。此外，必须有一个装置让蓄电池单独充电或放电，以平衡这些蓄电池的充电状态。

此外，蓄电池尺寸、充电接口能否达到统一，蓄电池质量能否过关，快速充电对蓄电池的损害（寿命衰减很快）能否降低，如何避免一旦洗车造成短路汽车自动行驶可能带来的危害以及夏天电路短路造成的失火，这些都限制了电动汽车的使用。

总之，动力蓄电池成本、安全性、循环寿命，这三个问题必须给予足够的重视，才能使电动汽车真正走进市场。

三、燃料电池汽车

燃料电池汽车是电动汽车的一种，其电池的能量是通过氢气和氧气的化学作用，而不是经过燃烧，直接变成电能的。燃料电池的化学反应过程不会产生有害产物，因此燃料电池车辆是无污染零排放汽车，降低了温室气体的排放。燃料电池的能量转换效率比内燃机要高 2~3 倍，因此从能源的利用和环境保护方面，燃料电池汽车是一种理想的车辆（图 6-14）。

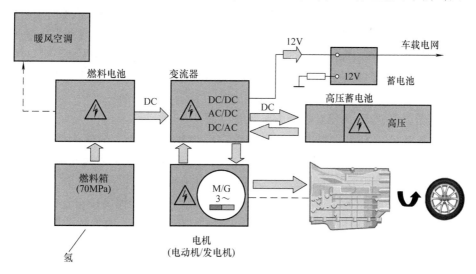

图 6-14　燃料电池汽车原理框图

（1）燃料电池的组成和工作原理

燃料电池由阳极、阴极、电解质和隔膜构成。燃料在阳极氧化，氧化剂在阴极还原。如果在阳极（即外电路的负极，也可称燃料极）上连续供给气态燃料（氢气），而在阴极（即外电路的正极,也可称空气极)上连续供给氧气(或空气),就可以在电极上连续发生电化学反应,并产生电流(图6-15)。

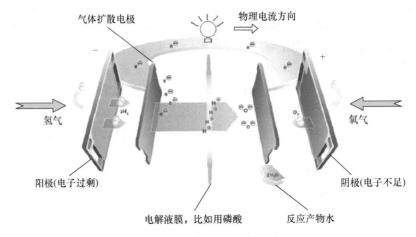

图6-15 氢燃料电池结构原理

由此可见,燃料电池与常规蓄电池不同,它的燃料和氧化剂不是储存在蓄电池内,而是储存在蓄电池外部的储罐中。当它工作(输出电流并做功)时,需要不间断地向蓄电池内输入燃料和氧化剂并同时排出反应产物。因此,从工作方式上看,它类似于常规的汽油或柴油发电机。由于燃料电池工作时要连续不断地向蓄电池内送入燃料和氧化剂,燃料电池使用的燃料和氧化剂均为流体(气体或液体)。最常用的燃料为纯氢、各种富含氢的气体(如重整气)和某些液体(如甲醇水溶液),常用的氧化剂为纯氧、净化空气等气体和某些液体(如过氧化氢和硝酸的水溶液等)。燃料电池阳极的作用是为燃料和电解液提供公共界面,并对燃料的氧化产生催化作用,同时把反应中产生的电子传输到外电路或者先传输到集流板后再向外电路传输。阴极(氧电极)的作用是为氧和电解液提供公共界面,对氧的还原产生催化作用,从外电路向氧电极的反应部位传输电子。由于电极上发生的反应大多为多相界面反应,为提高反应速率,电极一般采用多孔材料并涂有电催化剂。

(2) 奔驰新款B级F-CELL燃料电池汽车(图6-16)

奔驰新款B级F-CELL燃料电池汽车最大功率为96kW,最大转矩为290N·m,最高车速可达170km/h,总的续驶里程达到380km,这已经足够满足相邻两座城市间的通勤需要。同时F-CELL燃料电池汽车装配了一块最大输出功率35kW、最大容量1.4kW·h的锂离子电池,所以B级F-CELL燃料电池汽车实际是燃料电池和锂离子电池的混合动力车,不仅可以提高动力,而且利用锂离子电池可以实现制动能量回收,增大续驶里程。

B级燃料电池汽车的核心技术是新一代燃料电池驱动系统,这种燃料电池尺寸紧凑、动力强劲、使用安全,且完全适用于日常使用。为了安全起见,燃料电池装在汽车前后轴之间,能够在行车过程中产生电力,而产生的唯一排放物质是水,实现了绝对的零排放、零污染。100kW的燃料电池电机可以和2.0L排量的汽油发动机相媲美,能够轻松产生290N·m的最大转矩。

B级燃料电池汽车内饰的变化主要是仪表板,之前的转速表已经变成了功率输出表,能显示当前的输出功率。功率表左边的绿色刻度代表锂电池的能量多少,如果起动车辆时指针在 0 刻度的位置，则电池不需要充电，而如果是在 0 以下的刻度，则电池需要充电。另外，右侧小的油量表现在已经是显示氢气的储存量了，而左侧的仪表如果在 MAX 位置则表示可以正常行驶（图 6-17）。

图 6-16　奔驰燃料电池汽车

图 6-17　燃料电池汽车仪表

奔驰 B 级燃料电池汽车在低速行驶时由锂离子电池提供动力，在高速和大负荷时由氢燃料电池提供动力，同时为锂离子电池充电。从奔驰 B 级燃料电池汽车的中央液晶显示屏上可以看到能量输出的显示，包括锂离子电池的充放电和大负荷时氢燃料电池能量输出的状态等（图 6-18、图 6-19）。

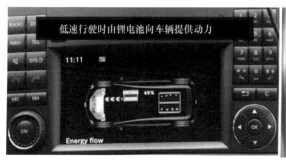

图 6-18　中央显示屏显示锂电池驱动

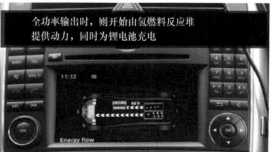

图 6-19　中央显示屏显示氢燃料电池驱动

(3) 宝马燃料电池汽车

奔驰和宝马燃料电池汽车都很好地解决了氧气的来源，即直接从大气中提取氧气，这就有效地避免了氢气与氧气罐装在同一车内可能带来的巨大危害。另外，宝马燃料电池汽车储氢罐只有8kg，装在行李箱内，明显降低了整车质量，为提高续驶里程和最高车速提供了基础（图6-20）。宝马燃料电池汽车续驶里程超过了200km。

图6-20 宝马燃料电池汽车

新研发的FCEV采用了滑板式底盘，将FCEV的氢气储存罐和供应系统、燃料电池发动机系统、电能转换系统、电机驱动系统、转向系统和制动系统等，都装在一个滑板式的底盘中。

如果需要补充氢气的话，在特定的高压氢气补给站每辆车只需要3min就可以将燃料充满，而要是通过移动补给站进行燃料补充，20min也能够充满。这样的效率也是使用电池的纯电动汽车所无法比拟的，蓄电池快充则会影响电池寿命，慢充少则几个小时，多则十几个小时。

燃料电池将储存在燃料（氢）和氧化剂（氧）中的化学能通过电化学反应直接转化为电能，其过程不涉及燃烧，无机械损耗，能量转化率可高达80%，产物仅为电、热和水蒸气；而且运行平稳，无振动和噪声，所以被认为是21世纪的绿色能源。但现在的氢动力燃料电池汽车只是处于试验和少量制造阶段，相信在不久的将来能够实现商业化。

四、高压电系统检修注意事项

混合动力或纯电动汽车系统高压蓄电池大部分电压在220V以上，所以在检修混合动力系统时一定要按高压电操作规范标准执行。

1. 检修高压电系统具体要求

- 必须获得国家安监局高压电工作业资格证。
- 参加过混合动力相关知识的专业培训。
- 必须配戴防护为1000V以上的工作保护装置。
- 接触高压电部件时必须采用科学的手段断开高压电。
- 必须通过验电装置确保断电后系统没有高压电存在。
- 必须放置高压电警示标志和禁止合闸标志。

- 必须装安全保险并上锁，并由断电人保管。
- 必须遵守谁断电，谁送电的原则。

2. 使用和操作注意事项
- 所有橙色的线均带高压，可能危及生命。
- 不得将喷水软管和高压清洗装置直接对准高压部件。
- 高压接头上不可使用润滑油、润滑脂和触点清洗剂等。
- 在进行焊接、用切削工具加工以及用尖锐工具进行操作时，必须先让系统断电。
- 所有松开了的高压接头必须严防进水和污物。

第二节 智能网联汽车简介

智能网联汽车是指搭载先进的车载传感器、控制器、执行器等装置，并融合现代通信与网络技术，实现车与X（车、路、人、云端等）的智能信息交换、共享，具备复杂环境感知、智能决策、协同控制等功能，可实现"安全、高效、节能"行驶，并最终可实现替代人来操作的新一代汽车。

当前，新一轮科技变革方兴未艾，由此引发全球制造业向"智能制造"全面转型升级的趋势日益明显。这一深刻变革投射到汽车领域，体现为智能和网联相关技术正逐渐成为研究热点，受到高度关注。

智能网联汽车作为相关技术的载体，在技术层面上包括智能化与网联化两个方面。其中，汽车智能化技术是提高车辆安全性、经济性以及舒适性的主要技术手段之一。汽车网联化是提供车载在线信息娱乐服务以及车辆全面接入网联环境进行车、路、人、云等信息交互甚至协同决策与控制的主要实现方式。

（1）智能汽车的结构组成

自动驾驶（智能）汽车最基本的技术架构由车载系统和云端系统组成，是机器视觉、计算机、通信、导航定位、模式识别以及智能控制等多门前沿学科的综合体。按照自动驾驶汽车的技术模块划分，自动驾驶汽车的关键技术包括环境感知、路径规划以及决策控制等。

1）环境感知。自动驾驶的基本前提是环境感知与辨别信息的采集，这部分相当于自动驾驶汽车的眼睛和耳朵。获取周围的环境信息，这方面涉及道路边界检测、车辆检测、行人检测等技术，所用到的传感器一般有毫米雷达、摄像头、超声波传感器、激光雷达、速度和加速度传感器。要想让汽车适应更多综合路况就需要多个传感器信息的融合控制，这就需要具有人工智能的先进感知算法对环境景像进行深度认识。

2）路径规划。自动驾驶路径规划是根据导航路径决策车辆实际行驶局部路径的过程，是自动驾驶导航和控制的基础。局部路径规划以行驶过程中道路环境的信息和车辆自身的运动状态为基础，规划出理想的局部行驶路径，并指导车辆控制决策，克服不可预测的道路情况；根据自车状态和道路环境等规划可行驶路径，提取评价指标，从安全、节能等因素综合评价与分析。

3）决策控制。决策控制模块相当于自动驾驶汽车的大脑，其主要功能是依据感知系统获取的信息来进行决策判断，进而对下一步的行为进行决策，然后对车辆进行控制。决策控制模块的功能核心包括行为决策、动作决策和反馈控制。

当自动驾驶汽车有了全局的路径规划以后,接下来就要进行行为决策,因为车辆行驶的路况场景非常复杂,还需要做场景组合决策。然后是车辆动作的规划,包括加速、减速、转向等。决策控制模块根据车辆当前位置与期望路径的偏差,不断地调节转向盘转角与车速,直到到达目的地。

(2)汽车智能技术的发展阶段

我国的智能汽车分级参考美国 SAE 分级定义基础,并充分考虑中国道路交通情况的复杂性,加入了对应级别下智能系统能够适应的典型工况特征(图6-21)。

智能化等级	等级名称	等级定义	控制	监视	失效应对	典型工况
		人监控驾驶环境				
1	驾驶辅助(DA)	系统根据环境信息执行转向和加减速中的一项操作,其他驾驶操作都由人完成	人与系统	人	人	车道内正常行驶,高速公路无车道干涉路段,停车工况
2	部分自动驾驶(PA)	系统根据环境信息执行转向和加减速操作,其他驾驶操作都由人完成	人与系统	人	人	高速公路及市区无车道干涉路段,换道,环岛绕行,拥堵跟车等工况
		自动驾驶系统"系统"监控驾驶环境				
3	有条件自动驾驶(CA)	系统完成所有驾驶操作,根据系统请求,驾驶人需要提供适当的干预	系统	系统	人	高速公路正常行驶工况及市区无车道干涉路段
4	高度自动驾驶(HA)	系统完成所有驾驶操作,特定环境下系统会向驾驶人提出响应请求,驾驶人可以对系统请求不进行响应	系统	系统	系统	高速公路全部工况及市区有车道干涉路段
5	完全自动驾驶(HA)	系统可以完成驾驶人能够完成的所有道路环境下的操作,不需要驾驶人介入	系统	系统	系统	所有行驶工况

图 6-21 自动驾驶分级阶段

1)Level 1(驾驶人辅助)。驾驶人辅助系统能为驾驶人在驾驶时提供必要的信息采集,在关键时候,给予清晰的、精确的警告或有限支持(图 6-22)。相关技术有车道偏离警告(LDW),正面碰撞警告(FCW)和盲点信息系统。

2)Level 2(驾驶人辅助)。驾驶人在得到警告后,仍然没能做出相应措施时,半自动系统能让汽车自动做出相应反应(图 6-23)。相关技术有自适应巡航系统(ACC)、紧急自动制动(AEB)、紧急车道辅助(ELA)。

3)Level 3(有条件自动驾驶)。该系统主要依靠汽车本身自带的传感器,通过对道路情况进行监测,从而让车辆可以在道路上安全行驶。但是这种情况必须在驾驶人监控的情况下,并且汽车提供的自动控制行驶过程时长是根据周围环境发生动态变化的。如有特殊情况,车辆会提前几秒钟提示驾驶人接管车辆操作。

Level 3 技术仍然需要驾驶人,驾驶人必须坐在驾驶位上,不能像乘客一样坐在后排。摄像头会监视驾驶人,看他是否睡着了。如果真的睡着了,系统会发出警告。如果驾驶人没

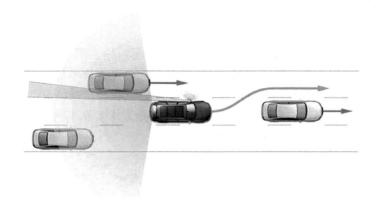

图 6-22 换道辅助

图 6-23 主动式车道保持

有醒来,汽车会停车。

Level 3 技术高度依赖通勤任务,系统会用"地理栅栏"进行控制,知道哪里合适自动驾驶,哪里是安全的。当系统激活之后汽车会做出判断,看看所在区域的车速是否可以不超过 60km/h,所在区域是不是被物理障碍分隔的多车道公路。如果不是,系统就不会启动;如果已经启动,系统会将汽车控制权交给驾驶人。

4) Level 4(高度自动驾驶)。自动系统在某些环境和特定条件下,能够完成驾驶任务并监控驾驶环境,这个阶段下,在自动驾驶可以运行的范围内,驾驶相关的所有任务和驾乘人已经没关系了。但驾驶舱还是必不可少的,不能完全取消掉人为控制的操作部件。

通过车联网实时获取车辆周边交通信息,与车载传感器感知信息融合,作为本车决策与控制系统的输入。Level 4 阶段可以在高速公路不超过 130km/h 或城市有车道干涉路段行驶,需要高精度导航地图及网络实时支持。

5) Level 5(完全自动驾驶)。自动系统在所有条件下都能完成所有驾驶任务。人只是乘客,转向盘、加速踏板制动踏板等都取消掉。整个驾驶过程都由车辆来完成,人起到的作用就是乘客。

通过 5G 移动通信网络实时获取车辆周边的交通信息及车辆决策,实现车—车,车—路等各交通参与者之间信息交互融合,形成所有交通参与者之间协同决策与控制。

(3)车联网

车联网(Internet of Vehicle,IOV)是指车与车、车与路、车与人、车与传感设备等交互,实现车辆与公众网络通信的动态移动通信系统。它可以通过车与车、车与人、车与路互联互通实现信息共享,收集车辆、道路和环境的信息,并在信息网络平台上对多源采集的信息进行加工、计算、共享和安全发布,根据不同的功能需求对车辆进行有效的引导与监管,以及提供专业的多媒体与移动互联网应用服务。

车联网发展的阶段如下。

1)车联网1.0 基于3G通信的远程呼叫、兴趣点推送、车辆故障求援、天气信息等简单在线信息(图6-24)。

图6-24　1.0车联网服务内容

2)车联网2.0 基于4G通信的导航数据下载、在线音乐收听、车辆抛锚定位施救、车内WIFI热点共享、远程诊断和车辆信息共享(图6-25)。目前我国车联网基本处于这一阶段。

图6-25　2.0车联网部分服务内容

3)车联网3.0 基于4.5G通信,通过车与车(V2V)之间的通信,车与基础设施、互联网(V2I)之间的通信,实现有条件自动驾驶(图6-26)。

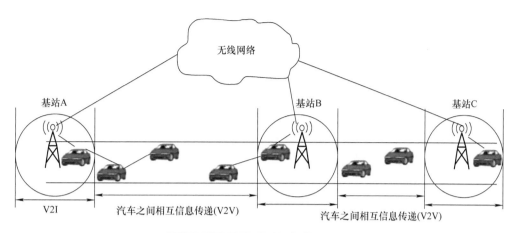

图 6-26　3.0 车联网信息交互示意图

4）车联网在 5G 通信时代可实现车、路、环境融合协同，实现高效、安全的智能全自动驾驶（图 6-27）。

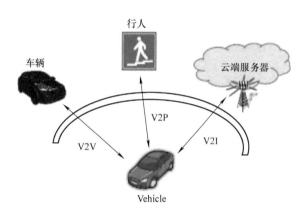

图 6-27　车联网最终信息交互协同示意图

当前业界普遍认为低碳化、信息化、智能化是未来汽车技术的发展方向，新能源汽车和智能网联汽车将成为中国汽车产业未来发展的两大战略机遇。

复　习　题

一、填空题

1. 新能源汽车包括_____、_____和_____汽车。
2. 混合动力汽车是指由_____和_____组成的驱动系统。
3. 混合动力传动路线有_____、_____和_____。
4. 插电式混合动力与其他混合动力相比高压系统增加了_____和_____。
5. 根据我国相关标准，插电式混合动力是指纯电驱动连续行驶至少超过____km。
6. 燃料电池由_____、_____、_____和_____组成。
7. 自动驾驶的五个阶段是_____、_____、_____、_____、_____。

和_____。

8. 自动驾驶车载关键技术有_____、_____和_____。
9. 增程式混合动力的特点是_____。
10. 车联网最终实现____、____、____、环境融合协同，实现____、____的智能全自动驾驶。

二、简述题

1. 其他混合动力汽车与插电式混合动力汽车的区别有哪些？
2. 电动汽车的局限性有哪些？
3. 智能网联汽车的定义是什么？